高等院校"十三五"规划教材

企业会计综合模拟实训

（第二版）

主　编　胡顺义　周新玲
副主编　龚伟林　李海洋　高慧红　曹水林
参　编　邵天营　李家和　朱继军　刘安兵
　　　　姚和平　陈国英　付　强　李益博
　　　　杨婉君　陈昌娟　邓　艳

微信扫一扫　　　　　　　微信扫一扫

教师服务入口　　　　　　学生服务入口

南京大学出版社

图书在版编目(CIP)数据

企业会计综合模拟实训 / 胡顺义，周新玲主编. ——2版. ——南京：南京大学出版社，2018.1(2019.7重印)
高等院校"十三五"规划教材
ISBN 978-7-305-19642-3

Ⅰ.①企… Ⅱ.①胡… ②周… Ⅲ.①企业会计—教材 Ⅳ.①F275.2

中国版本图书馆CIP数据核字(2017)第287131号

出版发行	南京大学出版社
社　　址	南京市汉口路22号　　邮　编　210093
出 版 人	金鑫荣
丛 书 名	高等院校"十三五"规划教材
书　　名	企业会计综合模拟实训(第二版)
主　　编	胡顺义　周新玲
责任编辑	徐　媛　　　　　编辑热线　025-83597482
照　　排	南京南琳图文制作有限公司
印　　刷	南京人民印刷厂有限责任公司
开　　本	787×1092　1/16　印张 19.5　字数 312千
版　　次	2018年1月第2版　2019年7月第3次印刷
ISBN	978-7-305-19642-3
定　　价	48.00元

网址：http://www.njupco.com
官方微博：http://weibo.com/njupco
官方微信号：njupress
销售咨询热线：(025) 83594756

* 版权所有，侵权必究
* 凡购买南大版图书，如有印装质量问题，请与所购
　图书销售部门联系调换

前　言

会计是经济管理的重要组成部分,是一门应用性较强的学科,强调理论与实际的结合。因此,会计教学必须重视学生动手能力的培养,以增强其分析解决实际问题的能力,进而加深其对理论知识的理解。会计实训是深化会计教学改革必不可少的环节;是学生获取综合知识、提高专业技能的重要保证。我们本着培养应用型人才的宗旨,助力会计工作转型升级,扎实推进实践育人,结合多年的教学与实践经验,编写了本书。

我们结合2017年修订和增补的企业会计准则,适应2016年全面实施营改增的需要,在吸收实训老师的意见的基础上修订了本教材。

本教材以企业会计准则、税收法规为依据,精心设计了模拟公司的期初数据和本期经济业务。在此基础上,全面训练学生对经济业务确认、计量、报告诸环节的认知、理解与应用能力。本书以企业的经济活动为脉络、以涵盖企业经济活动全过程的仿真模拟实训资料为依托,使学生熟悉会计手工模拟循环,并配合财务软件的电算化操作,让学生掌握企业会计处理的基本流程,培养学生对企业实际业务的账务处理能力,提高学生的专业技能和综合职业素养,以及综合分析问题的能力。

通过本教程的模拟实训,学生可以完成一系列会计工作,主要包括:开设账簿体系、期初数据过账;依据本期模拟业务填制与审核原始凭证,依据原始凭证编制和审核记账凭证;编制科目汇总表;登记日记账、明细账、总账;成本核算;财产清查;试算平衡;对账与结账;纳税申报;编制财务报表;编制合并报表;财务决算。

与同类实训教材相比,本教材具有如下主要特色。

(1) 体现了理实一体化。理中有实,实中有理,突破以往理论与实践相脱节的现象,丰富课堂教学和实践教学环节,有利于培养具有创新能力、创造能力和动手能力的高素质应用型会计人才,是加强专业内涵建设、创新人才培养模式、提升人才培养水平的重要举措。

(2) 实现了财税管理一体化。实训涉及增值税、城市维护建设税、教育费附加、地方教育附加、房产税、土地使用税、车船税、印花税、关税、企业所得税、个人所得税。训练各种税的纳税申报、企业所得税预缴和年终汇算清缴,提高学生财税一体化方面的综合业务能力,打造财税管理方面的实用型人才。

(3) 增加了合并报表的编制。涉及按照权益法调整对子公司的长期股权投资,长期股权投资、投资收益、固定资产交易、存货交易、债权债务、递延所得税的抵消,四大合并报表的编制。

(4) 丰富了职工薪酬的核算。涉及工资、一次性奖金、职工福利费、养老保险、医疗保险、失业保险、工伤保险、生育保险、住房公积金、工会经费和职工教育经费的核算,以及个人所得税的代扣代缴。

(5) 简化了成本计算工作。本企业属于多步骤复杂的大批量生产企业,运用逐步综合结转分步法,企业设两个基本生产车间,原材料采用计划成本法核算,产成品采用实际成本法核算,计算工作量适度。

（6）兼顾了会计课堂教学内容。设计了交易性金融资产、可供出售金融资产、持有至到期投资、现金折扣、销售折让、进口业务、债务重组、会计差错更正、长期股权投资、所得税会计、日后事项等内容。

本教材由湖北经济学院胡顺义、周新玲任主编，重庆人文科技学院龚伟林、湖北经济学院李海洋、江西应用科技学院高慧红、湖北奥博会计师事务有限公司曹水林任副主编。参加编写的人员还有，湖北经济学院邵天营、李家和、朱继军、刘安兵、姚和平、陈国英、付强、李益博、杨婉君、重庆人文科技学院陈昌娟、邓艳。本教材在编写过程中，承蒙湖北经济学院、重庆人文科技学院、江西应用科技学院、湖北奥博会计师事务有限公司的大力支持，并提出宝贵意见，谨此表示衷心感谢。本教材既可作为会计专业、税务专业实验教材，也可供在职财会人员、税务人员参考使用。书中难免存在疏漏之处，敬请读者不吝指正。

编　者

目 录

第一章 公司基本情况 · 1
  一、公司设立 · 1
  二、机构设置 · 3

第二章 公司财务制度 · 5
  一、资产的核算与管理 · 5
  二、负债的核算与管理 · 7
  三、所有者权益的核算与管理 · 10
  四、成本的核算与管理 · 11
  五、损益的核算与管理 · 11
  六、发票管理制度 · 13

第三章 会计实训步骤 · 14
  一、实训资料准备 · 14
  二、建账 · 15
  三、原始凭证的填制和审核 · 21
  四、记账凭证的填制和审核 · 23
  五、登记账簿 · 24
  六、对账与结账 · 25
  七、错账的查找和更正 · 27
  八、会计书写规范 · 28
  九、会计资料的整理装订 · 30
  十、实训考核 · 31

第四章 会计实训资料 · 33
  一、账户期初余额 · 33
  二、2017年12月模拟经济业务 · 37
  三、相关原始凭证 · 49
  四、年终决算 · 273
  五、编制合并报表 · 285

附　录　小企业会计准则实训…………………………………………………………… 294
　　一、账户期初余额 …………………………………………………………………… 294
　　二、模拟经济业务 …………………………………………………………………… 295
　　三、试算平衡表 ……………………………………………………………………… 302
　　四、编制财务报表 …………………………………………………………………… 303
主要参考文献…………………………………………………………………………………… 306

第一章　公司基本情况

一、公司设立

设立公司程序如下：申请名称预先核准；银行开立验资临时账户存钱验资；办理工商营业执照；刻章备案；税务登记；开立银行账户。

设立公司，应当依法向公司登记机关申请设立登记，符合规定的设立条件的，由公司登记机关分别登记为有限责任公司或者股份有限公司；不符合规定的设立条件的，不得登记为有限责任公司或者股份有限公司。依法设立的公司，由公司登记机关发给公司营业执照。

有限责任公司是由两个以上五十个以下股东共同出资设立，股东以其出资额为限对公司承担责任，公司以其全部资产对公司的债务承担责任的企业法人。设立有限责任公司，应当具备下列条件：股东符合法定人数；股东出资达到法定资本最低限额；股东共同制定公司章程；有公司名称，建立符合有限责任公司要求的组织机构；有公司住所。

股份有限公司是全部注册资本由等额股份构成并通过发行股票筹集资本，公司以其全部资产对公司债务承担有限责任的企业法人。设立股份有限公司，应当具备下列条件：发起人符合法定的资格，达到法定的人数；发起人认缴和向社会公开募集的股本达到法定的最低限额；股份发行、筹办事项符合法律规定；发起人制定公司章程，并经创立大会通过；有公司名称，建立符合公司要求的组织机构；有固定的生产经营场所和必要的生产经营条件。

公司验资是指注册会计师依法接受委托，对被审计单位注册资本的实收或变更情况进行审验，并出具验资报告。股东全部以现金出资的，应根据公司名称核准通知书及公司章程规定的投资比例及投资金额，分别将投资款缴存公司临时账户。验资成功后，客户需要开立基本存款账户，将验资账户的资金全额划转至基本存款账户。股东如以实物资产或无形资产出资，则需经过持有资产评估资格的会计师事务所或资产评估公司评估并以经评估后的评估价值作为股东的投入额。

设立公司必须由股东共同依法制定公司章程。公司章程是股东共同一致的意思表示，载明了公司组织和活动的基本准则，是公司的宪章。公司的设立以订立公司章程开始，以设立登记结束。

公司年度检验是指工商行政管理机关依法按年度对公司进行检查，确认公司继续经营资格的法定制度。每年3月1日至6月30日，企业应当向企业登记机关提交年检材料。企业应当对其提交的年检材料的真实性负责。当年设立登记的企业，自下一年起参加年检。

筹建期间是指从企业被批准筹建之日起至开始生产、经营之日的期间。企业在筹建期间内发生的开办费，包括人员工资、办公费、培训费、差旅费、印刷费、注册登记费以及不计入固定资产成本的借款费用等。取得各项资产所发生的费用和应由投资者负担的费用不属于开办费。开办费实际发生时，借记"管理费用"科目（开办费），贷记"银行存款"等科目。税法中开办费未明确列作长期待摊费用，企业可以在开始经营之日的当年一次性扣除，也可按照新税法有关长期待摊费用的处理规定处理，一经选定，不得改变。企业从事生产经营之前进行筹建活动期间发生筹建费用支出,不得计算为当期的亏损,企业自开始生产经营的年度计算企业损益。企业筹建期间无须进行企业所得税汇算清缴。发生的与筹办活动有关的业务招待费支出,可按实际发生额的60%计入企业筹办费,并按有关规定在税前扣除;发生的广告费和业务宣传费,可按实际发生额计入企业筹办费,并按有关规定在税前扣除。

武汉光谷机械有限责任公司,经武汉市工商行政管理局东湖分局批准,于2013年年底筹建,2014年开始生产经营,拥有一个子公司(东湖机械有限责任公司),一个合营企业(南湖机械有限责任公司),生产销售两种机械设备。坚持"诚信、合作、创新、高效"的企业精神,经过几年的发展壮大,企业的竞争实力不断增强,积极提高技术创新核心竞争能力,积极培育质量效益核心竞争优势,努力实现由国内领先到具有国际竞争力的历史新跨越。

企业名称:武汉光谷机械有限责任公司　地址:武汉市武汉大道128号　邮编:430068
联系电话:027-885816×6　027-885816×7　027-885816×8
企业类型:有限责任公司　　　　　　　法定代表:郝运
注册资本:4 000万元　　　　　　　　注册日期:2013年10月1日
经营范围:生产销售机械设备
纳税人识别号:420044444466666
开户行账号:工商银行东湖支行(基本户)　128333333388888
开户行账号:建设银行南湖支行(一般户)　126333333378788

营业执照是工商行政管理机关发给工商企业、个体经营者的准许从事某项生产经营活动的凭证。其格式由国家工商行政管理局统一规定。营业执照的登记事项包括名称、地址、负责人、资金数额、经济成分、经营范围、经营方式、从业人数、经营期限等。营业执照分正本和副本,二者具有相同的法律效力。正本应当置于公司住所或营业场所的醒目位置,营业执照不得伪造、涂改、出租、出借、转让。

该公司营业执照如图1-1所示。

营业执照

统一社会信用代码

名　　称　　武汉光谷机械有限责任公司
类　　型　　有限责任公司
住　　所　　武汉市武汉大道128号
法定代表人　郝　运
注册资本　　肆仟万元
成立日期　　2013年10月1日
营业期限　　2013年10月1日至长期
经营范围　　生产销售机械设备

登记机关　武汉市工商行政管理局
2013年10月1日

每年1月1日至6月30日通过信用信息公司系统报送上一年度年度报告

企业信用信息公示系统网址:http://www.gsxt.gov.cn　　中华人民共和国国家工商行政管理总局监制

图1-1　武汉光谷机械有限责任公司营业执照

二、机构设置

公司组织机构是指从事公司经营活动的决策、执行和监督的公司最高领导机构。

武汉光谷机械有限责任公司设置五个部门：销售部、财务部、质量部、生产部、综合部。公司执行《企业会计准则》，属于增值税一般纳税人。企业所得税的征收方式为查账征收，分月预缴，年终汇算清缴，企业所得税税率为25％。公司属于多步骤复杂的大批量生产企业，设有材料和成品两个仓库，一车间生产完工后直接转入二车间继续加工，二车间生产完工后的产品转入成品仓库。企业运用逐步综合结转分步法。

该公司组织机构如图1-2所示。

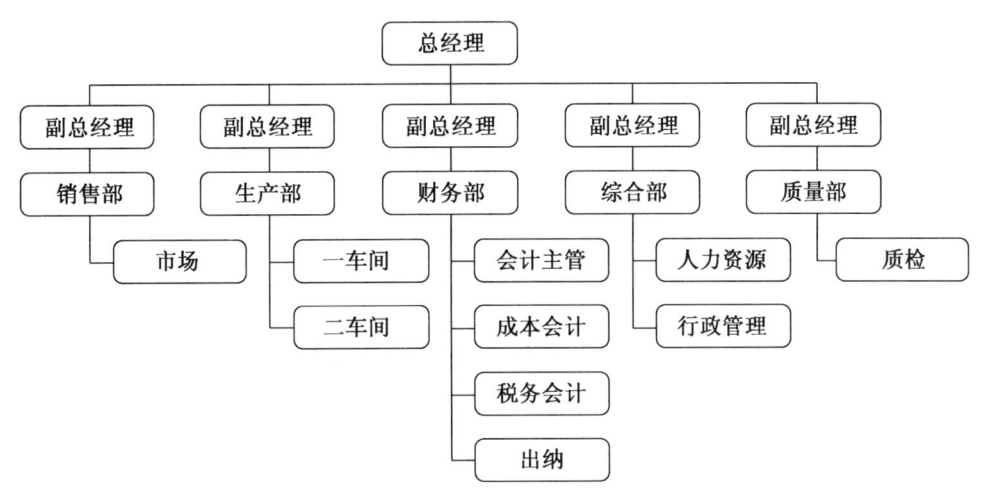

图1-2 武汉光谷机械有限责任公司组织机构

会计是财务的基础，财务离不开会计。会计面向过去，必须以过去的交易或事项为依据，对过去的交易或事项进行确认和记录。财务注重未来，是基于一定的假设条件，在对历史资料和现实状况进行分析的基础上，对未来的预测和决策。单位在机构、岗位的设置上，除不相容职务以外，财务与会计岗位可以重叠。单位会计机构负责人（会计主管人员），同时也可以是单位财务负责人。会计工作岗位，是指一个单位会计机构内部根据业务分工而设置的职能岗位。会计工作岗位可以一人一岗、一人多岗、一岗多人。

会计的日常工作包括开具发票、填制凭证、登记账簿、申报纳税、缴纳税款、财产清查、对账结账、编制报表。大型公司岗位可以细化，设置：会计主管岗位；出纳岗位；资金核算岗位；固定资产核算岗位；材料核算岗位；工资核算岗位；成本核算岗位；往来结算岗位；总账报表岗位；税务会计岗位；稽核岗位；综合分析岗位。

武汉光谷机械有限责任公司设有主管财务的部门经理，财务部设置主管会计（兼审核）、记账会计、制单会计、出纳四个工作岗位。主管会计负责组织公司的日常核算，对公司发生的各项经济业务进行审核，制定公司内部控制制度，审核记账凭证，编制财务预算，登记总分类账，编制财务报表，整理和管理会计档案。记账会计负责登记各种明细账，开具发票，财产清查、往来款管理等会计管理工作以及保管发票专用章。制单会计负责编制记账凭证，核算固定资产及期末账项的处理。出纳负责现金收付和银行结算业务，登记现金日记账和银行存款日记账，保管财务专用章及发放工资。

通常，财务部可以设置主管会计、税务会计、成本会计、出纳四个岗位。主管会计负责审核业务，调度资金，进行财务分析，制定财务计划，参与企业经营决策，负责财务部的全面工作。税务会计负责编制销售、债权债务、结算损益及利润分配等业务的记账凭证，登记有关明细账，计算各项税金及纳税申报，编制科目汇总表，登记总账，编制对外报送的会计报表。成本会计负责编制费用发生、分配及成本结转等业务的记账凭证，填写各种费用分配表和产品成本计算表，登记有关成本费用明细账，编制材料采购、入库、领用业务的记账凭证，计算及分摊材料成本差异，登记材料有关明细账，编制固定资产购建、折旧、清理、清查等业务的记账凭证。出纳负责办理资金的收付业务，登记现金和银行日记账，编制现金及银行存款日报表。

主管会计，又称财务主管，是指单位会计机构的负责人或主管单位会计工作的技术负责人，是各单位会计工作的具体领导者和组织者。制单即填制记账凭证，凭证填制人员、审核人员、记账人员、会计主管、出纳必须在相应位置签名或盖章。复核凭证，就是对有关凭证进行复核，审查凭证记录是否有错误。记账是根据记账凭证登记各种账簿。

会计岗位负责审核资金收付凭证；负责编制转账凭证；登记账簿并进行账账、账实核对；负责结账、编制会计报表，各项税费的纳税申报；负责凭证的装订及保管。

出纳是管理货币资金、票据、有价证券进进出出的一项工作。具体地讲，出纳是按照有关规定和制度，办理本单位的现金收付、银行结算及有关账务，保管库存现金、有价证券、财务印章及有关票据等工作的总称。

出纳人员不得兼管收入、费用、债权、债务账簿的登记工作，不得负责稽核工作和会计档案保管工作。登记银行存款日记账时先分清账户，避免张冠李戴。每日结出各账户存款余额，以便了解公司资金运作情况，调度资金。每日下班之前填制结报单。印章必须妥善保管，严格按照规定用途使用。空白收据必须严格管理，专设登记簿登记，认真办理领用注销手续。报销审核，在支付证明单上经办人是否签字，证明人是否签字，总经理是否签字，原始票据是否有涂改，大、小金额是否相符。报销内容是否合理。每月将银行存款日记账与银行对账单逐笔核对，编制银行余额调节表。

现金收付，要当面点清金额并注意票面的真伪，若收到假币予以没收。现金一经付清，应在原单据上加盖"现金付讫章"。把每日收到的现金送到银行，不得"坐支"。库存现金不得超过银行核定的限额，超过部分要及时存入银行，不得以白条抵充库存现金，更不得任意挪用现金。根据已经办理完毕的收付款凭证，逐笔顺序登记现金日记账，当日的收支款项当日必须入账，并结出余额。每日终了，现金的账面余额要同实际库存现金核对相符，如有差错，要及时处理。一般不办理大面额现金的支付业务，支付用转账或汇兑手续，特殊情况需审批。员工外出借款无论金额多少，都须总经理签字、批准并用借支单借款。若无批准借款，引起纠纷，由责任人自负。对于现金和各种有价证券，要确保其安全和完整无缺，如有短缺，要负赔偿责任。要保守保险柜密码，保管好钥匙，不得随意转交他人。

第二章　公司财务制度

一、资产的核算与管理

（一）货币资金

企业应当设置库存现金日记账，由出纳人员根据收付款凭证，按照业务发生的时间顺序逐笔登记。每日终了，应当计算当日的现金收入合计额、现金支出合计额和结余额，将结余额与实际库存额核对，做到账款相符。企业应当设置银行存款日记账，由出纳人员根据收付款凭证，按照业务发生的时间顺序逐笔登记。每日终了，应结出余额。银行存款日记账应定期与银行对账单核对，至少每月核对一次。

库存现金不得超过限额，严禁白条抵库。严格执行现金收支管理，除一般日常零星支出外，必须通过银行办理转账结算。银行账户必须遵守银行的规定开设和使用，支票由专人保管。财务专用章、公司法人章及支票必须分开保管，公司法人章由办公室主任负责保管，财务专用章和支票由出纳负责保管，不得由一人统一保管使用。严格资金使用审批手续，所有款项的支付须经公司主管领导批准。

公司各部门应根据工作需要，事先拟订支出计划，报总经理同意后，再由经办人按规定办理借支或报销手续。公司员工报销，需下列审批程序：经办人—部门经理签字—总经理签字—出纳付款。公司为增值税一般纳税人企业，原则上所有的报销款均需取得增值税专用发票。若实在无法取得增值税专用发票，报公司批准后，也需取得增值税普通发票，不得白条报销。业务经办人要查验发票真伪，业务经办人与审单人员共同对所报销发票真伪负责。假发票一律不得报销。审核无误、粘贴合格、签批完整的单据才能报销。

对于特定岗位实行备用金借款，具体由各部门根据实际情况核定，报总经理批准后执行。所有借款均遵循前账不清后账不借的原则。银行印鉴必须专人保管。保管人员必须坚守职责，未经领导批准，不得将印章带出办公室，不得私用，不得委托他人代管。

（二）应收账款

应收账款采用备抵法核算。对于单项金额重大的应收款项，应当单独进行减值测试。企业应当始终按照相当于整个存续期内预期信用损失的金额计量其损失准备。应收账款管理，其根本任务就在于制定企业自身适度的信用政策，努力降低成本，力争获取最大效益，从而保证应收账款的安全性，最大限度地降低应收账款的风险。

（三）应收票据

企业应设置应收票据备查簿，逐笔登记商业汇票的种类、号数和出票日、票面金额、交易合同号和付款人（或承兑人、背书人）的姓名或单位名称、到期日、背书转让日、贴现日、贴现率和贴现净额以及收款日期和收回金额、退票情况等资料。商业汇票到期结清票款或退票后，在备查簿中应予以注销。

（四）存货

存货包括原材料、在成品、产成品、周转材料等。存货采用永续盘存制，公司对存货进行定期盘点。资产负债表日存货按照成本与可变现净值孰低计量。原材料、周转材料采用计划成本法核算，低值易耗品在领用时采用一次摊销法核算。原材料和周转材料月末根据出库单编制的材料发出汇总表结转。产成品按实际成本核算，采用先进先出法。采购价值大宗用品或长期需用的物资，必须向3家以上供应商摸底询价，并签订供货协议。应加强存货采购管理，合理运作采购资金，控制采购成本，控制存货库存，减少储备资金占用，加速资金周转。

（五）固定资产

公司的固定资产采用年限平均法按月计提折旧。固定资产的折旧率按固定资产原值、预计净残值和折旧年限计算确定。折旧方法和折旧年限一经确定，不得随意变更。公司应当至少于每年年度终了，对固定资产的使用寿命、预计净残值和折旧方法进行复核。固定资产使用寿命、预计净残值和折旧方法的变更应当作为会计估计变更。固定资产应当按月计提折旧并根据用途计入相关资产的成本或者当期损益。公司当月增加的固定资产，当月不计提折旧，从下月起计提折旧；当月减少的固定资产，当月仍计提折旧，从下月起不计提折旧。

固定资产按实物形态分为房屋及建筑物、机器设备、电子设备、运输设备及其他设备五大类。为了反映和监督各类或各项固定资产的增减变动情况，管好用好固定资产，除了进行总分类核算外，还设置固定资产卡片和固定资产登记簿进行明细分类核算。固定资产登记簿以及固定资产卡片上各项固定资产原价总和，都必须与总分类账的"固定资产"科目的余额核对相符。每年年终必须进行一次固定资产盘点，做到实物和账表记录相符，核算资料准确。对固定资产遗失、损坏的，要查明原因，明确责任，做出适当处理。

（六）无形资产

企业摊销无形资产，应当自无形资产可供使用时起，至终止确认时止。使用寿命有限的无形资产，应当自取得当月起在预计使用年限内分期平均摊销，企业当月增加的无形资产，当月开始摊销；当月减少的无形资产，当月不再摊销。使用寿命不确定的无形资产不应摊销。企业取得的土地使用权作为无形资产核算并按规定摊销。自行开发建造的厂房等建筑物，土地使用权与建筑物应当分别进行摊销和计提折旧。

（七）金融资产

企业应当根据其管理金融资产的业务模式和金融资产的合同现金流量特征，将金融资产分类为以摊余成本计量的金融资产、以公允价值计量且其变动计入其他综合收益的金融资产和以公允价值计量且其变动计入当期损益的金融资产三类。

交易性金融资产按其类别和品种，分别"成本""公允价值变动"等进行明细核算。可供出售金融资产按其类别和品种，分别"成本""利息调整""应计利息""公允价值变动"等进行明细核算。持有至到期投资按其类别和品种，分别"成本""利息调整""应计利息"等进行明细核算。利息调整采用实际利率法摊销。相应公式如下：

溢价摊销额＝债券面值×票面利率－期初摊余成本×实际利率

折价摊销额＝期初摊余成本×实际利率－债券面值×票面利率

（八）长期股权投资

长期股权投资，是指投资方对被投资单位实施控制、重大影响的权益性投资以及对其合营企业的权益性投资。投资方能够控制被投资方,采用成本法核算,成本法核算下的长期股权投资分为同一控制下的企业合并和非同一控制下的企业合并。投资方对于被投资方具有共同控制或重大影响,采用权益法核算。

二、负债的核算与管理

企业的负债包括短期借款、应付票据、应付账款、应付职工薪酬、应交税费、应付利息、应付股利、其他应付款、长期借款、应付债券。各项负债应按实际发生额计价。

(一)短期借款

短期借款核算企业向银行或其他金融机构等借入的期限在1年内的各种借款。短期借款按月计提利息,到期支付本息。

(二)应付票据

企业设置应付票据备查簿,详细登记商业汇票的种类、号数和出票日期、到期日、票面金额、交易合同号和收款人姓名或单位名称以及付款日期和金额等资料,商业汇票到期结清票款后,在备查簿中应予注销。

(三)应付账款

应付账款按照对方单位(或个人)进行明细核算。企业应从战略高度出发,有目的、有系统地管理好与供应商的关系,加强对应付账款的管理,才能使自己在市场竞争中处于有利的地位。

(四)应付职工薪酬

职工薪酬是指企业为获得职工提供的服务或解除劳动关系而给予的各种形式的报酬或补偿。职工薪酬包括短期薪酬、离职后福利、辞退福利和其他长期职工福利。

"五险一金"缴费基数按照本人上年度月平均工资核定;新设立单位的职工和用人单位新增的职工按照本人起薪当月的工资核定。本人上年度月平均工资或起薪当月的工资低于上年度全市职工月平均工资60%的,按照上年度全市职工月平均工资的60%核定;超过上年度全市职工月平均工资300%的,按照上年度全市职工月平均工资的300%核定。

企业发生的职工福利费,应当在实际发生时根据实际发生额计入当期损益或相关资产成本。职工福利费为非货币性福利的,应当按照公允价值计量。企业每月应按全部职工实际工资总额的2%向本企业工会拨交工会经费,但必须收到专用收据才可以所得税税前扣除。企业有依法履行职工教育培训和足额提取教育培训经费的责任,企业按照职工工资总额的2.5%(从2018年起改为8%)足额提取教育培训经费,其中用于一线职工教育培训的比例不低于60%。

(五)应交税费

目前,我国共有增值税、消费税、企业所得税、个人所得税、资源税、城镇土地使用税、房产税、城市维护建设税、环境保护税、耕地占用税、土地增值税、车辆购置税、车船税、印花税、契税、烟叶税、关税、船舶吨税等18个税种。其中,16个税种由税务部门负责征收;关税和船舶吨税由海关部门征收;进口货物的增值税、消费税由海关部门代征。除税金外,企业还需要交纳教育费附加、地方教育费附加、堤防维护费、文化事业建设费、残疾人就业保障金等规费。

1. 增值税

增值税纳税人可分为一般纳税人和小规模纳税人。增值税的计税方法,包括一般计税方法、简易计税方法和扣缴计税方法。一般计税方法的应纳税额,是指当期销项税额抵扣当期进项税额后的余额。应纳税额计算公式:应纳税额=当期销项税额-当期进项税额,当期销项税额小于当期进项税额不足抵扣时,其不足部分可以结转下期继续抵扣。简易计税方法的应纳税额,是指按照销售额和增值税征收率计算的增值税额,不得抵扣进项税额。应纳税额计算公式:应纳税额=销售额×征收率。简易计税方法的销售额不包括其应纳税额,纳税人采用销售额和应纳税额合并定价方法的,销售额=含税销售额÷(1+征收率)。扣缴计税方法适用于境外单位在境内提供服务且未设立营业机构的情形。应扣缴税额=接受方支付的价款÷(1+税率)×税率。

增值税的纳税期限分别为1日、3日、5日、10日、15日、1个月或者1个季度。纳税人以1个月或者1个季度为一个纳税期的,自期满之日起15日内申报纳税;以1日、3日、5日、10日或者15日为一个纳税期的,自期满之日起5日内预缴税款,于次月1日起15日内申报纳税并结清上月应纳税款。

增值税一般纳税人应当在"应交税费"科目下设置"应交增值税""未交增值税""预交增值税""待抵扣进项税额""待认证进项税额""待转销项税额""增值税留抵税额""简易计税""转让金融商品应交增值税""代扣代交增值税"等明细科目。增值税一般纳税人应在"应交增值税"明细账内设置"进项税额""销项税额抵减""已交税金""转出未交增值税""减免税款""出口抵减内销产品应纳税额""销项税额""出口退税""进项税额转出""转出多交增值税"等专栏。

2. 企业所得税

收入总额减除不征税收入、免税收入、各项扣除以及允许弥补的以前年度亏损后的余额,为应纳税所得额。应纳税额=应纳税所得额×适用税率-减免税额-抵免税额。亏损,是指每一纳税年度的收入总额减除不征税收入、免税收入和各项扣除后小于零的数额。

企业分月或者分季度预缴企业所得税时,应当按照月度或者季度的实际利润额预缴;按照月度或者季度的实际利润额预缴有困难的,可以按照上一纳税年度应纳税所得额的月度或者季度平均额预缴或者按照经税务机关认可的其他方法预缴。预缴方法一经确定,该纳税年度内不得随意变更。企业所得税汇算清缴是指纳税人自纳税年度终了之日起5个月内或实际经营终止之日起60日内,依照税收法律、法规、规章及其他有关企业所得税的规定,自行计算本纳税年度应纳税所得额和应纳所得税额,根据月度或季度预缴企业所得税的数额,确定该纳税年度应补或者应退税额,填写企业所得税年度纳税申报表,向主管税务机关办理企业所得税年度纳税申报,提供税务机关要求提供的有关资料,结清全年企业所得税税款的行为。纳税人12月份或者第四季度的企业所得税预缴纳税申报,应在纳税年度终了后15日内完成,预缴申报后进行当年企业所得税汇算清缴,不得推延至汇算清缴时一并缴纳。核定征收企业所得税包括核定应税所得率和核定应纳所得税额。实行核定定额征收企业所得税的纳税人,不进行汇算清缴。纳税人在汇算清缴期内发现当年企业所得税申报有误的,可在汇算清缴期内重新办理企业所得税年度纳税申报。

3. 个人所得税

自2019年起,居民个人取得工薪所得、劳务报酬所得、稿酬所得、特许权使用费所得,按纳税年度合并计算个人所得税,居民个人的综合所得,以每一纳税年度的收入额减除费用六万元以及专项扣除、专项附加扣除和依法确定的其他扣除的余额,为应纳税所得额。

$$应纳税所得额=年收入额-费用6万-专项扣除-专项附加扣除-其他扣除$$

$$应纳税额=应纳税所得额\times 适用税率-速算扣除数$$

如果雇员当月工资薪金所得高于(或等于)税法规定的费用扣除额的,先将雇员当月内取得的全年一次性奖金,除以12个月,按其商数确定适用税率和速算扣除数,适用公式如下:

$$应纳税额=雇员当月取得全年一次性奖金\times 适用税率-速算扣除数$$

如果在发放年终一次性奖金的当月,雇员当月工资薪金所得低于税法规定的费用扣除额,应将全年一次性奖金减除"雇员当月工资薪金所得与费用扣除额的差额"后的余额,按上述办法确定全年一次性奖金的适用税率和速算扣除数,适用公式如下:

$$应纳税额=(雇员当月取得全年一次性奖金-雇员当月工资薪金所得与费用扣除额的差额)\times 适用税率-速算扣除数$$

扣缴义务人向居民个人支付工资、薪金所得时,应当按照累计预扣法计算预扣税额,并按月办理全员全额扣缴申报。扣缴义务人每月预扣的税款,应当在次月十五日内缴入国库,并向税务机关报送扣缴个人所得税申报表。

4. 其他税费

城市维护建设税的计税依据为纳税人实际缴纳的增值税、消费税税额,税率分别为7%、5%、1%。其计算公式如下:

$$应纳税额=(增值税+消费税)\times 税率$$

教育费附加和地方教育附加的征收依据是纳税人实际缴纳的增值税、消费税税额,附加率分别为3%和2%。其计算公式如下:

$$应缴金额=(增值税+消费税)\times 附加率$$

关税是指国家授权海关对出入关境的货物和物品征收的一种税。关税的征税基础是关税完税价格。进口货物以海关审定的成交价值为基础的到岸价格为关税完税价格;出口货物以该货物销售与境外的离岸价格减去出口税后,经过海关审查确定的价格为完税价格。其计算公式如下:

$$应纳税额=关税完税价格\times 适用税率$$

房产税是按照房产原值或租金收入征收的一种税。从价计征的,按房产原值一次减除10%~30%后的余值计算,税率为1.2%,年应纳税额=房产原值$\times(1-30\%)\times 1.2\%$;从租计征的,以租金收入为计税依据,税率为12%,年应纳税额=租金收入$\times 12\%$。房产税按年计征,分季或分半年缴纳,具体缴纳日期由县(市)税务机关确定。

土地使用税是以实际占用的土地面积为计税依据,按规定税额征收的一种税。土地使用税按年计算、分期缴纳。缴纳期限由省、自治区、直辖市人民政府确定。其计算公式如下:

$$年应纳税额=\sum(各级土地面积\times 相应税额)$$

车船税属于地方税,由地方税务机关负责征收管理。从事机动车交通事故责任强制保险业务的保险机构为车船税的扣缴义务人,在销售机动车交通事故责任强制保险时代收代缴车船税并及时向国库解缴税款。车船税按年申报,分月计算,一次性缴纳。

印花税是对经济活动和经济交往中设立、领受具有法律效力的凭证的行为所征收的一种税。印花税分为从价计税和从量计税两种。对工业、商业、物资、外贸等部门使用的凭证,凡属于明确双方供需关系,据以供货和结算,具有合同性质的凭证,要素虽不完全但明确了双方主要权利、义务,就应按规定贴花。为简化贴花手续,对应纳税额较大或者贴花次数频繁的,纳税人可采取以缴款书代替贴花或者按期汇总缴纳的办法。其计算公式如下:

$$应纳税额=计税金额\times税率$$

$$应纳税额=凭证数量\times单位税额$$

对符合核定征收条件的纳税人,由主管地方税务机关依据纳税人当期实际销售(营业)收入、采购金额或成本等项目及确定的核定征税比例,计算征收印花税。现行证券交易印花税为单边征收,即只对卖出方征收,税率为1‰。印花税票由国家税务总局监制。

(六)长期借款

长期借款核算企业向银行或其他金融机构借入的期限在1年以上的各项借款本金。长期借款分期付息,到期还本,按月计提利息。

三、所有者权益的核算与管理

所有者权益是指公司资产扣除负债后由所有者享有的剩余权益。公司的所有者权益又称股东权益,包括实收资本、资本公积、其他综合收益、盈余公积、未分配利润等。权益性交易与损益性交易相对应,权益性交易不得确认损益,而损益性交易须确认损益。

(一)实收资本

实收资本按股东设置明细账,实收资本的构成比例是企业据以向投资者进行利润或股利分配的主要依据。我国企业法人登记管理条例规定,除国家另有规定外,企业的实收资本应当与注册资本一致。

(二)资本公积

资本公积包括资本溢价和其他资本公积。资本溢价是指投资者投入的资金超过其在注册资本中所占份额的部分;其他资本公积是指除资本溢价以外所形成的资本公积。

(三)其他综合收益

其他综合收益是指企业根据企业会计准则规定未在损益中确认的各项利得和损失扣除所得税影响后的净额。

(四)盈余公积

盈余公积是指企业按照规定从净利润中提取的企业积累资金,公司制企业的盈余公积包括法定盈余公积和任意盈余公积。

(五)未分配利润

未分配利润是指企业实现的净利润经过弥补亏损、提取盈余公积和向投资者分配利润后留存在企业的、历年结存的利润。从数量上来看,未分配利润是期初未分配利润加上本期实现的净利润,减去提取的各种盈余公积和分出的利润后的余额。

四、成本的核算与管理

不同的企业由于生产的工艺过程、生产组织以及成本管理要求不同,成本计算的方法也不一样。不同成本计算方法的区别主要表现在三个方面:一是成本计算对象不同;二是成本计算期不同;三是生产费用在产成品和半成品之间的分配情况不同。常用的成本计算方法主要有品种法、分批法和分步法。分步法包括逐步结转分步法和平行结转分步法。逐步结转分步法分为综合结转法和分项结转法。

工业产品成本的计算有多种方法可供选择。房地产开发产品和建筑安装工程成本的计算方法相当于工业企业的分批法。工业企业应设置"生产成本"和"制造费用"科目,产品成本项目一般划分为直接材料、直接人工、其他直接支出和制造费用四部分;农业企业应设置"农业生产成本"科目,成本项目和工业企业类似;房地产开发企业应设置"开发成本"和"开发间接费用"科目,成本项目一般划分为土地征用及拆迁补偿费、前期工程费、建筑安装工程费、基础设施费、公共配套设施费和开发间接费用六部分;建筑企业应设置"工程施工""工程结算"和"机械作业"科目,工程成本项目一般划分为人工费、材料费、机械使用费、其他直接费和施工间接费用五部分;服务企业应设置"劳务成本"科目,也有不少企业直接通过"主营业务成本"科目核算;商业企业不设成本类科目。

五、损益的核算与管理

(一)收入的核算

收入是指企业在日常活动中形成的、会导致所有者权益增加的、与所有者投入资本无关的经济利益的总流入。企业应当在履行了合同中的履约义务,即客户取得相关商品(或服务)控制权时确认收入。取得相关商品(或服务)控制权,是指能够主导该商品(或服务)的使用并从中获得几乎全部的经济利益。合同开始日,企业应当对合同进行评估,识别该合同所包含的各项履约义务并确定各履约义务是在一段时间内履行,还是在某一时点履行。对于在一段时间内履行的履约义务,企业应当在该段时间内按照履约进度确认收入,但是履约进度不能合理确定的除外。

(二)费用的核算

营业成本是指企业所销售商品或者所提供劳务的成本。税金及附加包括企业经营活动发生的消费税、城市维护建设税、资源税、教育费附加及房产税、土地使用税、车船使用税、印花税等相关税费;期间费用是指不能直接归属于某个特定产品成本的费用,包括销售费用、管理费用和财务费用。

发生的业务招待费可以在"管理费用"或者"销售费用"下设置二级科目"业务招待费"核算。这样便于单独考核销售部门业绩,只是纳税调整的时候需要合并考虑。一般来讲,外购礼品用于赠送的,应作为业务招待费,但如果礼品是纳税人自行生产或经过委托加工,对企业的形象、产品有标记及宣传作用的,也可作为业务宣传费。业务招待费仅限于与企业生产经营活动有关的招待支出。企业应将业务招待费与会议费严格区分,不得将业务招待费挤入会议费。纳税人发生的与其经营活动有关的差旅费、会议费、董事费,主管税务机关要求提供证明资料的,能够提供证明其真实性的合法凭证,否则不得在税前扣除。在业务招待费用核算中要按规定的科目进行归集,如果不按规定而将属于业务招待费性质的支出隐藏在其他科目,不允许税前扣除。

销售人员取得的提成,应并入其当月的工资、薪金,按工资所得征收个人所得税。销售佣金是指企业在销售业务发生时支付给中间人的报酬,中间人必须是有权从事中介服务的单位或个人,但不包括本企业的职工。销售回扣是指经营者销售商品时以现金、实物或者其他方式退给对方单位或者个人的一定比例的商品价款。销售回扣的规定比较严格,可分为暗扣和明扣。暗扣是指在由账外暗中给予对方单位的或个人的一定比例的商品价款,属于贿赂支出,不得税前列支;明扣是指经营者销售或购买商品,以明示方式给对方折扣。如果销售额和折扣额在同一张发票上的"金额"栏分别注明销售额和折扣额,可按折扣后的销售额计算缴纳所得税;如果将折扣额另开发票,则不得从销售额中减除折扣额。

投资收益核算投资收益或投资损失。公允价值变动损益核算应计入当期损益的利得或损失。资产减值损失核算企业根据资产减值等准则计提各项资产减值准备所形成的损失。

(三)营业外收支的核算

营业外收入是指与本公司日常活动无直接关系的各项利得,包括债务重组利得、与企业日常活动无关的政府补助、盘盈利得、捐赠利得、罚没利得、无法支付的应付款项等。营业外支出是指与本公司日常活动无直接关系的各项损失,包括债务重组损失、公益性捐赠支出、非常损失、盘亏损失、非流动资产毁损报废等。

(四)利润及利润分配的核算

利润是指公司在一定会计期间的经营成果。利润包括收入减去费用后的净额、直接计入当期利润的利得和损失等。企业纳税年度发生的亏损,准予向以后年度结转,用以后年度的所得弥补,但结转年限最长不得超过五年。

按照我国公司法的有关规定,利润分配应按下列顺序进行。第一步,计算可供分配的利润。将本年净利润(或亏损)与年初未分配利润(或亏损)合并,计算出可供分配的利润。如果可供分配的利润为负数(即亏损),则不能进行后续分配;如果可供分配的利润为正数(即本年累计盈利),则进行后续分配。第二步,计提法定盈余公积金。按抵减年初累计亏损后的本年净利润计提法定盈余公积金。提取盈余公积金的基数,不是可供分配的利润,也不一定是本年的税后利润。只有不存在年初累计亏损时,才能按本年税后利润计算应提取数。这种"补亏"是按账面数字进行的,与所得税法的亏损后转无关,关键在于不能用资本发放股利,也不能在没有累计盈余的情况下提取盈余公积金。当法定盈余公积金已达到注册资本的50%时可不再提取。法定盈余公积金可用于弥补亏损、扩大公司生产经营或转增资本,但公司用盈余公积金转增资本后,法定盈余公积金的余额不得低于转增前公司注册资本的25%。第三步,计提任意盈余公积金。第四步,向股东(投资者)支付股利(分配利润)。公司弥补亏损和提取法定公积金之前向股东分配利润的,股东必须将违反规定分配的利润退还公司。

企业年终申报纳税前发生的资产负债表日后事项,所涉及的应纳所得税调整,应作为会计报告年度(所属年度)的纳税调整;企业年终申报纳税汇算清缴后发生的资产负债表日后事项,所涉及的应纳所得税调整,应作为本年度(所属年度的次年)的纳税调整。

属于会计处理差错以及舞弊的,在报表报出前发现的,应该按《企业会计准则第29号——资产负债表日后事项》准则中有关应调整事项的规定处理;在报表报出后发现的,应该按《企会计准则第 28 号——会计政策、会计估计和差错更正》相关规定来处理。

属于税务处理差错,如在汇算清缴期内发现当年企业所得税申报有误的,可在汇算清缴期内重新办理企业所得税年度纳税申报。

公司对外提供的财务报表包括资产负债表、利润表、现金流量表、所有者权益变动表、附注。月度财务报表应当于月度终了后第 10 个工作日对外提供;季度财务会计报告应当于季度终了后 30 个工作日内对外提供;半年度财务会计报告应当于年度中期结束后 60 天内对外提供;年度财务会计报告应当于年度终了后 4 个月内对外提供。

六、发票管理制度

发票是指在购销商品、提供或者接受服务以及从事其他经营活动中,开具、收取的收付款凭证。所有单位和从事生产、经营活动的个人在购买商品、接受服务以及从事其他经营活动支付款项,应当向收款方取得发票。取得发票时,不得要求变更品名称和金额。开具发票应当按照规定的时限、顺序、栏目,全部联次一次性如实开具并加盖发票专用章。发票只能证明业务发生了,不能证明款项是否收付。

发票一般情况下是收款人开具给付款人的,但在收购单位和扣缴义务人支付个人款项时则由付款人向收款人开具发票。收款收据一般是指非经营活动中收付款项时开具的凭证。发票在性质上具有典型的双重性,它既是合法的会计(记账)凭证,也是合法的税务凭证。

不符合规定的发票,不得作为财务报销凭证,任何单位和个人有权拒收。不符合税收规定的发票不得作为税前扣除凭据。

增值税一般纳税人应使用增值税专用发票、增值税普通发票、增值税电子普通发票。增值税专用发票,是增值税一般纳税人销售货物或者提供应税劳务开具的发票,是购买方支付增值税额并可按照增值税有关规定据以抵扣增值税进项税额的凭证。增值税专用发票只有增值税一般纳税人和税务机关为增值税小规模纳税人代开时使用。一般纳税人开专票开普票税率一样。增值税专用发票基本联次为三联:发票联、抵扣联和记账联。发票联,作为购买方核算采购成本和增值税进项税额的记账凭证;抵扣联,作为购买方报送主管税务机关认证和留存备查的凭证;记账联,作为销售方核算销售收入和增值税销项税额的记账凭证。

增值税普通发票(卷式)基本联次为一联,即"发票联"。增值税普通发票(平推式)基本联次:第一联为记账联,是销货方的记账凭证;第二联为发票联,是购货方扣税的凭证。

增值税电子普通发票的开票方和受票方需要纸质发票的,可以自行打印增值税电子普通发票的版式文件,其法律效力、基本用途、基本使用规定等与税务机关监制的增值税普通发票相同。

第三章　会计实训步骤

一、实训资料准备

会计人员的工作范围不应局限于企业内部，需要到银行办理结算或到税务机关办理纳税申报等相关业务。实训环境不应局限于企业财务部，可以在实训室开辟银行业务办理区、纳税业务办理区，将实训环境适当地向外延伸，使学生对相关的处理流程有一个系统认识。

实训可根据情况选择一人单独完成或分组分岗。一人单独完成实训，有利于系统、全面地熟悉和掌握整个企业会计实务。会计分组分岗实训，每个实训小组由4名学生组成，分别扮演会计主管（兼审核）、出纳、制单和记账。分组分岗实训有助于学生加深对会计岗位的理解，熟练掌握该岗位应完成的工作，同时培养学生的团队意识。学生毕业后从事会计工作时可能分工不同，因此分岗实训时一定要注意通过定期的岗位轮换，使学生接触到不同会计岗位的工作内容。完成实习后，应填写各自分工，以明确责任和考核评分。

按照成本效益原则，实训全部账簿采用活页账，总账、日记账和大部分明细账采用三栏式账页，原材料、周转材料、库存商品采用数量金额式账页，"生产成本""管理费用""应交增值税"等账户采用多栏式账页。采用通用记账凭证。实训所需各种资料如表3-1所示。

表3-1　实训所需资料

序号	名　　称	张数
1	凭证封面	3
2	通用记账凭证	200
3	科目汇总表	6
4	试算平衡表	2
5	银行存款余额调节表	4
6	总账	60
7	现金日记账	4
8	银行存款日记账	6
9	三栏式明细账	100
10	数量金额式明细账	20
11	多栏式明细账	20
12	应交税费明细账	4
13	资产负债表、利润表、现金流量表、所有者权益变动表	10
14	工作底稿、合并资产负债表、合并利润表、合并现金流量表、合并所有者权益变动表	10
15	小企业资产负债表、利润表、现金流量表	6

二、建账

新建单位和原有单位在年度开始时,会计人员均应根据核算工作的需要设置账簿,即"建账"。建账是会计工作得以开展的基础环节。营业执照、公司章程、验资报告等资料是会计建账的法律依据。

建账步骤如下。① 按照需用的各种账簿的格式要求,预备各种账页,并将活页的账页用账夹装订成册。② 在账簿的"启用表"上,写明单位名称、账簿名称、册数、编号、起止页数、启用日期以及记账人员和会计主管人员姓名,并加盖名章和单位公章。记账人员或会计主管人员在本年度调动工作时,应注明交接日期、接办人员和监交人员姓名,并由交接双方签名或盖章,以明确经济责任。③ 按照会计科目表的顺序、名称,在总账账页上建立总账账户;并根据总账账户明细核算的要求,在各个所属明细账户上建立二、三级明细账户。原有单位在年度开始建立各级账户的同时,应将上年账户余额结转过来。④ 启用订本式账簿,应当从第一页到最后一页顺序编定页数,不得跳页、缺号。使用活页式账页,应当按账户顺序编号,并须定期装订成册。装订后再接实际使用的账页顺序编定页码。另加目录,记明每个账户的名称和页次。并粘贴索引纸(账户标签),写明账户名称,以利检索。

账簿设置如下。① 现金日记账,一般企业只设 1 本现金日记账。但如有外币,则应就不同的币种分设现金日记账。② 银行存款日记账,一般应根据每个银行账号单独设立 1 本账。现金日记账和银行存款日记账均应使用订本账。③ 总分类账,一般企业只设 1 本总分类账。使用订本账,根据单位业务量大小可以选择购买 100 页的或 200 页的。这 1 本总分类账包含企业所设置的全部账户的总括信息。④ 明细分类账,明细分类账采用活页形式。存货明细账用数量金额式账页;收入、费用、成本明细账用多栏式账页;应交增值税明细账用多栏式账页;其他明细账用三栏式账页。因此,企业需要分别购买这 4 种账页,数量的多少依然是根据单位业务量等情况而不同。业务简单且很少的企业可以把所有的明细账户设在 1 本明细账上;业务多的企业可根据需要设多本明细账。企业应当参照会计准则应用指南中的会计科目(如表 3-2 所示),设置会计科目进行账务处理。根据企业的实际情况确定企业可能使用的会计科目,不要全部照搬,否则很多用不到的科目将造成空页码,有碍翻查。但注意留有余地,做到有前瞻性,防止出现新业务新设科目造成顺序错乱。在确定好会计科目后,要按企业会计准则编号顺序编写总账目录及总账内各科目页码。这样在每期期末编制财务报表时,就可按顺序进行,避免无规律编页造成的不必要的麻烦。

表 3-2　会计科目表

顺序号		企业会计科目	小企业会计科目	顺序号	
一、资产类					
1	1001	库存现金	库存现金	1001	1
2	1002	银行存款	银行存款	1002	2
3	1003	存放中央银行款项			
4	1011	存放同业			
5	1012	其他货币资金	其他货币资金	1012	3

(续表)

顺序号		企业会计科目	小企业会计科目	顺序号	
6	1021	结算备付金			
7	1031	存出保证金			
8	1101	交易性金融资产	短期投资	1101	4
9	1111	买入返售金融资产			
10	1121	应收票据	应收票据	1121	5
11	1122	应收账款	应收账款	1122	6
12	1123	预付账款	预付账款	1123	7
13	1131	应收股利	应收股利	1131	8
14	1132	应收利息	应收利息	1132	9
15	1201	应收代位追偿款			
16	1211	应收分保账款			
17	1212	应收分保合同准备金			
18	1221	其他应收款	其他应收款	1221	10
19	1231	坏账准备			
20	1301	贴现资产			
21	1302	拆出资金			
22	1303	贷款			
23	1304	贷款损失准备			
24	1311	代理兑付证券			
25	1321	代理业务资产			
26	1401	材料采购	材料采购	1401	11
27	1402	在途物资	在途物资	1402	12
28	1403	原材料	原材料	1403	13
29	1404	材料成本差异	材料成本差异	1404	14
30	1405	库存商品	库存商品	1405	15
31	1406	发出商品			
32	1407	商品进销差价	商品进销差价	1407	16
33	1408	委托加工物资	委托加工物资	1408	17
34	1411	周转材料	周转材料	1411	18
35	1421	消耗性生物资产	消耗性生物资产	1421	19
36	1431	贵金属			
37	1441	抵债资产			

(续表)

顺序号		企业会计科目	小企业会计科目	顺序号	
38	1451	损余物资			
39	1461	融资租赁资产			
40	1471	存货跌价准备			
41	1501	持有至到期投资	长期债券投资	1501	20
42	1502	持有至到期投资减值准备			
43	1503	可供出售金融资产			
44	1511	长期股权投资	长期股权投资	1511	21
45	1512	长期股权投资减值准备			
46	1521	投资性房地产			
47	1531	长期应收款			
48	1532	未实现融资收益			
49	1541	存出资本保证金			
50	1601	固定资产	固定资产	1601	22
51	1602	累计折旧	累计折旧	1602	23
52	1603	固定资产减值准备			
53	1604	在建工程	在建工程	1604	24
54	1605	工程物资	工程物资	1605	25
55	1606	固定资产清理	固定资产清理	1606	26
56	1611	未担保余值			
57	1621	生产性生物资产	生产性生物资产	1621	27
58	1622	生产性生物资产累计折旧	生产性生物资产累计折旧	1622	28
59	1623	公益性生物资产			
60	1631	油气资产			
61	1632	累计折耗			
62	1701	无形资产	无形资产	1701	29
63	1702	累计摊销	累计摊销	1702	30
64	1703	无形资产减值准备			
65	1711	商誉			
66	1801	长期待摊费用	长期待摊费用	1801	31
67	1811	递延所得税资产			
68	1821	独立账户资产			
69	1901	待处理财产损溢	待处理财产损溢	1901	32

(续表)

顺序号		企业会计科目	小企业会计科目		顺序号
二、负债类					
70	2001	短期借款	短期借款	2001	33
71	2002	存入保证金			
72	2003	拆入资金			
73	2004	向中央银行借款			
74	2011	吸收存款			
75	2012	同业存放			
76	2021	贴现负债			
77	2101	交易性金融负债			
78	2111	卖出回购金融资产款			
79	2201	应付票据	应付票据	2201	34
80	2202	应付账款	应付账款	2202	35
81	2203	预收账款	预收账款	2203	36
82	2211	应付职工薪酬	应付职工薪酬	2211	37
83	2221	应交税费	应交税费	2221	38
84	2231	应付利息	应付利息	2231	39
85	2232	应付股利	应付利润	2232	40
86	2241	其他应付款	其他应付款	2241	41
87	2251	应付保单红利			
88	2261	应付分保账款			
89	2311	代理买卖证券款			
90	2312	代理承销证券款			
91	2313	代理兑付证券款			
92	2314	代理业务负债			
93	2401	递延收益	递延收益	2401	42
94	2501	长期借款	长期借款	2501	43
95	2502	应付债券			
96	2601	未到期责任准备金			
97	2602	保险责任准备金			
98	2611	保户储金			
99	2621	独立账户负债			
100	2701	长期应付款	长期应付款	2701	44

(续表)

顺序号		企业会计科目	小企业会计科目	顺序号	
101	2702	未确认融资费用			
102	2711	专项应付款			
103	2801	预计负债			
104	2901	递延所得税负债			
三、共同类					
105	3001	清算资金往来			
106	3002	货币兑换			
107	3101	衍生工具			
108	3201	套期工具			
109	3202	被套期项目			
四、所有者权益类					
110	4001	实收资本	实收资本	3001	45
111	4002	资本公积	资本公积	3002	46
112	4101	盈余公积	盈余公积	3101	47
113	4102	一般风险准备			
114	4103	本年利润	本年利润	3103	48
115	4104	利润分配	利润分配	3104	49
116	4201	库存股			
五、成本类					
117	5001	生产成本	生产成本	4001	50
118	5101	制造费用	制造费用	4101	51
119	5201	劳务成本			
120	5301	研发支出	研发支出	4301	52
121	5401	工程施工	工程施工	4401	53
122	5402	工程结算			
123	5403	机械作业	机械作业	4403	54
六、损益类					
124	6001	主营业务收入	主营业务收入	5001	55
125	6011	利息收入			
126	6021	手续费及佣金收入			
127	6031	保费收入			
128	6041	租赁收入			

(续表)

顺序号		企业会计科目	小企业会计科目	顺序号	
129	6051	其他业务收入	其他业务收入	5051	56
130	6061	汇兑损益			
131	6101	公允价值变动损益			
132	6111	投资收益	投资收益	5111	57
133	6201	摊回保险责任准备金			
134	6202	摊回赔付支出			
135	6203	摊回分保费用			
136	6301	营业外收入	营业外收入	5301	58
137	6401	主营业务成本	主营业务成本	5401	59
138	6402	其他业务成本	其他业务成本	5402	60
139	6403	税金及附加	税金及附加	5403	61
140	6411	利息支出			
141	6421	手续费及佣金支出			
142	6501	提取未到期责任准备金			
143	6502	提取保险责任准备金			
144	6511	赔付支出			
145	6521	保单红利支出			
146	6531	退保金			
147	6541	分出保费			
148	6542	分保费用			
149	6601	销售费用	销售费用	5601	62
150	6602	管理费用	管理费用	5602	63
151	6603	财务费用	财务费用	5603	64
152	6604	勘探费用			
153	6701	资产减值损失			
154	6711	营业外支出	营业外支出	5711	65
155	6801	所得税费用	所得税费用	5801	66
156	6901	以前年度损益调整			

最近几年新增会计科目有：专项储备、其他综合收益、其他权益工具、债权投资、其他债权投资、其他权益工具投资、信用减值损失、持有待售资产、持有待售负债、合同资产、合同负债、合同取得成本、合同履约成本、应收退货成本、资产处置损益、其他收益、使用权资产和租赁负债。

三、原始凭证的填制和审核

原始凭证又称单据,是在经济业务发生或完成时取得或填制的,用以记录或证明经济业务的发生或完成情况的文字凭据。外来原始凭证,是指在同外单位发生经济往来事项时,从外单位取得的凭证。自制原始凭证,是指在经济业务事项发生或完成时,由本单位内部经办部门或人员填制的凭证。自制原始凭证必须有经办单位负责人(或其指定的人员)和经办人签名或者盖章。

(一)原始凭证的基本内容

原始凭证尽管品种繁多、格式各异,但为了准确反映和充分证明经济业务的执行和完成情况,都必须具备下列基本内容:原始凭证的名称;原始凭证的编号;原始凭证填制的日期;原始凭证填制单位的名称;接受原始凭证单位名称;经济业务的内容摘要;经济业务的实物数量、单价和金额;填制单位及经办人员的签名或盖章;原始凭证的附件。

(二)原始凭证的填制要求

由于原始凭证的种类不同,其具体填制方法和填制要求也不尽一致,但就原始凭证应反映经济业务、明确经济责任而言,原始凭证的填制有其一般要求。为了确保会计核算资料的真实、正确并及时反映,应按下列要求填制原始凭证。

(1)必须真实和正确。原始凭证必须真实、正确地反映经济业务的原貌。无论日期、内容、数量和金额都必须如实填写,不能以估算和匡算的数字填列,更不能弄虚作假,改变事实的真相。

(2)必须完整和清楚。原始凭证中规定的项目都必须填写齐全,不能缺漏。文字说明和数字要填写清楚、整齐和规范,凭证填写的手续必须完备。

(3)书写格式要规范。原始凭证要用蓝色或黑色笔书写,字迹清楚、规范,填写支票必须使用碳素笔,属于需要套写的凭证,必须一次套写清楚,合计的小写金额前应加注币值符号,如"¥"等。大写金额有分的,后面不加整字,其余一律在末尾加"整"字,大写金额前还应加注币值单位,注明"人民币""美元"等字样,币值单位与金额数字之间以及各金额数字之间不得留有空隙。各种凭证不得随意涂改、刮擦、挖补,若填写错误,应采用规定方法予以更正。对于重要的原始凭证,如支票以及各种结算凭证,一律不得涂改。对于预先印有编号的各种凭证,在填写出现错误后,要加盖"作废"戳记,并单独保管。

(4)必须有经办人员和有关责任人员的签章。原始凭证在填制完成后,经办人员和有关责任人员都要认真审核并签章,对凭证的真实性、合法性负责。对于一些重大的经济业务,还应经过本企业负责人签章,以示批准的职权。

(5)必须及时填制。原始凭证应在经济业务发生或完成时及时填制,并按规定的程序和手续传递至有关业务部门和会计部门,以便及时办理后续业务,并进行审核和记账。

(三)原始凭证的审核内容

在会计核算工作中,原始凭证只有经过审核无误后,才能作为填制记账凭证和记账的依据。

(1)原始凭证的真实性。真实性的审核包括对凭证日期是否真实、业务内容是否真实、数据是否真实等内容的审查。对外来原始凭证,必须有填制单位公章和填制人员签章;对自制原始凭证,必须有经办部门和经办人员的签名或盖章。此外,对通用原始凭证,还应审核凭证本身的真实性,以防用假冒的原始凭证记账。

(2) 原始凭证的合法性。审核原始凭证所记录经济业务是否有违反国家法律法规的情况,是否符合规定的审核权限,是否履行了规定的凭证传递和审核程序,是否有贪污腐败等行为。

(3) 原始凭证的合理性。审核原始凭证所记录经济业务是否符合企业生产经营活动的需要,是否符合有关的计划和预算等。

(4) 原始凭证的完整性。审核原始凭证各项基本要素是否齐全,是否有漏项情况,日期是否完整,数字是否清晰,文字是否工整,有关人员签章是否齐全,凭证联次是否正确等。

(5) 原始凭证的正确性。审核原始凭证各项金额的计算及填写是否正确。

(6) 原始凭证的及时性。审核时应当注意审查凭证的填制日期,尤其是支票、银行汇票、银行本票等这些时效性比较强的原始凭证,更应当仔细验证其签发日期。

经审核的原始凭证应根据不同情况分别处理:对于完全符合要求的原始凭证(没错),应及时据以编制记账凭证入账;对于真实、合法、合理但内容不够完整、填写有错误的原始凭证(错误不严重),应退给有关经办人员,由其负责将有关凭证补充完整、更正错误或重开后,再办理正式会计手续;对于不真实、不合法的原始凭证(错误严重),会计机构、会计人员有权不予接受,并向单位负责人报告。

(四) 原始凭证的粘贴

原始凭证粘贴一般要求达到"四边齐、表面平、无凹凸、书本型"的标准。

(1) 原始凭证进行粘贴时,必须使用统一印制的单据粘贴单、差旅费报销单等相关单据,不得使用自行印制或购买的单据粘贴单和差旅费报销单等。

(2) 原始凭证应按照末级会计科目(如办公费、招待费等)进行分类整理,同类末级会计科目的原始凭证应粘贴在一起。

(3) 同类原始凭证如果数量较多、大小不一,应按凭证规格的大小进行分类,同一张单据粘贴单上所粘贴的凭证尽量保持大小一致。每张单据粘贴单所粘贴的凭证不得过多,规格较大的凭证(如购物发票等)可粘贴 2~6 张;规格较小的凭证(如停车费、过路过桥费、定额餐饮发票等)可粘贴 8~10 张。

(4) 在粘贴单上粘贴票据时,应自右至左、由下到上均匀排列粘贴,确保所粘贴的票据与粘贴单上、下、右三面对齐,不得出边、留空或大量累压粘贴。原始票据应保持原样粘贴,对个别规格参差不齐的票据,可先裁边整理后再行粘贴,但必须保证原始票据内容的完整性。

(5) 对于规格较大、纸质较硬的原始凭证(如证明文件),每张单据粘贴单限粘贴 2 张,要分张折叠,规格大小要与单据粘贴单的规格保持一致。

(6) 原始凭证粘贴完毕,须将凭证张数、合计金额填列完整。在当年预算列支的经费支出凭证须填制支出报销汇总单,在往来款科目列支的支出凭证须填制往来款支出汇总单,并将单位名称、日期、科目、金额、张数和报账员签字等内容填列完整,做到书写正规、清楚,计算正确。每张汇总单所附原始凭证不得过厚,以不超过 5 毫米为宜。

(7) 出差报销凭证(如住宿费、过路过桥费、车船票等)均应使用差旅费报销汇总单做封面。粘贴时,应先将凭证粘贴在单据粘贴单上,然后加贴差旅费报销汇总单,不得直接在差旅费报销汇总单的背面粘贴报销凭证。出差期间因工作需要支出的接待费凭证须单独粘贴,不得混同于差旅费报销。

（8）原始凭证应使用优质胶水进行粘贴，以保证凭证的粘贴效果，粘贴凭证如果数量较多、厚度较高，应在粘贴线外加粘贴条，粘贴好后及时用重物压平，以防褶皱、膨松，确保凭证整体平整。

（9）对借款单、转账支票借用单以及会议费、接待费、办公耗材、设备购置等单张需转账支付的凭证，单位可不粘贴，签字后，经办人、收款人可持凭证直接到支付中心，由支付中心进行粘贴整理。报账人员须提醒经办人、收款人不得褶皱、损毁，保持凭证票面整洁。如需注明列支渠道、说明等，要在凭证上做标记。

（10）行政事业单位财政直接支付申请业务，财政授权支付电汇业务原始凭证需粘贴在财政直接支付申请信息通知单上。

四、记账凭证的填制和审核

记账凭证按其用途可以分为专用记账凭证和通用记账凭证。专用记账凭证，是指分类反映经济业务的记账凭证。按其反映经济业务的内容不同，又可以分为收款凭证、付款凭证和转账凭证。

（一）记账凭证填制的基本要求

记账凭证是登记账簿的依据，正确填制记账凭证是保证账簿记录正确的基础。填制记账凭证应符合以下基本要求。

（1）审核无误。即在对原始凭证审核无误的基础上填制记账凭证。这是内部控制制度的一个重要环节。

（2）内容完整。即记账凭证应该包括的内容都要具备。应该注意的是，记账凭证的日期，一般为编制记账凭证当天的日期，按权责发生制原则计算收益、分配费用、结转成本利润等调整分录和结账分录的记账凭证，应填写当月月末的日期，以便在当月的账内进行登记。

（3）分类正确。即根据经济业务的内容，正确区别不同类型的原始凭证，正确应用会计科目。在此基础上，记账凭证可以根据每一张原始凭证填制，或者根据若干张同类原始凭证汇总编制，也可以根据原始凭证汇总表填制，但不能将不同内容和类别的原始凭证汇总填制在一张记账凭证上。

（4）连续编号。记账凭证连续编号有利于分清会计事项处理的先后，便于记账凭证与会计账簿之间的核对，确保记账凭证的完整。

（二）记账凭证填制的具体要求

（1）除结账和更正错误，记账凭证必须附有原始凭证并注明原始凭证的张数。

（2）一张原始凭证所列的支出需要由两个以上的单位共同负担时，应当由保存该原始凭证的单位开给其他单位原始凭证分割单。

（3）给会计凭证编号是为了分清会计凭证处理的先后顺序，便于登记账簿和进行记账凭证与账簿记录的核对，防止会计凭证的丢失，方便日后查找。会计凭证编号的方法有多种：一种是将财会部门内的全部记账凭证作为一类统一编号，编为记字第××号；一种是分别按现金和银行存款收入、现金和银行存款付出以及转账业务三类进行编号，分别编为收字第××号、付字第××号、转字第××号；还有一种是按现金收入、现金付出、银行存款收入、银行存款付出和转账五类进行编号,分别编为现收字第××号、现付字第××号、银收字第××号、银付字第××号、转字第××号。各单位应当根据本单位业务繁简程度、人员多寡和分工情况来选择便于记账、查账、内部稽核、简单严密的编号方法。记账凭证无论是统一编号还是分类编号,都应该按月顺序编号,即每月都从1号编起,顺序编至月末。一张记账凭证编一个号,不得跳号、重号。当分录比较长,一张凭证写不下时,在凭证编码上可以用分数的形式编写。

(4) 若记账之前发现记账凭证有错误,应重新编制正确的记账凭证,并将错误凭证作废或撕毁。已经登记入账的记账凭证,在当年内发现填写错误时,应用红字填写一张与原内容相同的记账凭证,在摘要栏注明"注销某月某日某号凭证"字样,同时再用蓝字重新填制一张正确的记账凭证,注明"订正某月某日某号凭证"字样。如果会计科目没有错误,只是金额错误,也可以将正确数字与错误数字之间的差额,另编一张调整的记账凭证,调增金额用蓝字,调减金额用红字。发现以前年度的错误,应用蓝字填制一张更正的记账凭证。

(5) 实行会计电算化的单位,其机制记账凭证应当符合对记账凭证的一般要求,并应认真审核,做到会计科目使用正确,数字准确无误。打印出来的机制记账凭证上,要加盖制单人员、审核人员、记账人员和会计主管人员印章或者签字,以明确责任。

(6) 记账凭证填制完经济业务事项后,如有空行,应当在金额栏自最后一笔金额数字下空行处至合计数上的空行处划线注销。

(7) 正确编制会计分录并保证借贷平衡。

(8) 摘要应与原始凭证内容一致,能正确反映经济业务的主要内容,表述简单精练。

(9) 只涉及现金和银行存款之间收入或付出的经济业务,应以付款业务为主,只填制付款凭证,不填制收款凭证,以免重复。

(10) 在出现以下经济业务时,要同时编制两种记账凭证。一是销售一批产品,现有一部分货款已收到,而另一部分货款没有收到,应该同时编制收款凭证和转账凭证两种;二是业务人员出差回来后报销差旅费,余款退回,同时编制收款凭证和转账凭证两种。

(三) 记账凭证的审核内容

所有填制好的记账凭证,都必须经过其他会计人员认真地审核。在审核记账凭证的过程中,如发现记账凭证填制有误,应当按照规定的方法及时加以更正。只有经过审核无误的记账凭证才能作为登记账簿的依据。记账凭证的审核主要包括以下内容。

(1) 记账凭证是否附有原始凭证,记账凭证的经济内容是否与所附原始凭证的内容相同。

(2) 应借应贷的会计账户(包括二级或明细账户)的对应关系是否清晰、金额是否正确。

(3) 记账凭证中的项目是否填制完整,摘要是否清楚,有关人员的签章是否齐全。

五、登记账簿

会计核算方法是会计方法中最基本的方法。在经济业务发生后,按规定的手续填制和审核凭证,并运用复式记账法在有关账簿中进行登记,期末还要对生产经营过程中发生的费用进行成本计算和财产清查,在账证、账账、账实相符的基础上,根据账簿记录编制财务报表。

企业采用的会计核算形式主要有记账凭证核算形式、汇总记账凭证核算形式、科目汇总表核算形式、多栏式日记账核算形式、日记总账核算形式。各种会计账务处理程序的主要区别在于登记总分类账的依据和方法不同,出纳业务处理的步骤基本上一致。本实训采用科目汇总表账务处理程序,能减轻登记总分类账的工作量,并可做到试算平衡,简明易懂,方便易学。但科目汇总表不能反映账户对应关系,不便于查对账目。它适用于经济业务较多的单位。

（1）启用账簿或更换记账人员时,应在账簿的"启用及交接记录"内逐项填写企业名称、启用日期、起始页数、会计主管人员和记账员姓名,并盖章和签名。

（2）会计账簿必须根据审核无误的记账凭证及其所附的原始凭证登记。应将会计凭证的日期、编号、业务内容摘要、金额和其他有关资料逐项记入账内。登记完毕后,应在记账凭证上注明"√"符号,表示已经记账。

（3）登记账簿时要用蓝黑墨水笔书写,不得使用铅笔或圆珠笔,红色墨水笔只能按规定用途使用,如改错、冲账等。

（4）账簿中的文字和数字不要写满格,一般应占格宽的1/2。

（5）登记账簿时,凡需要登记会计科目的,必须填列会计科目的名称,或者同时填列会计科目的名称和编号。不得只填列会计科目的编号,不填列会计科目的名称。

（6）各种账簿应该依照编定的页数顺序连续记载。每一账页记载完毕结转下页时,应在账页的最后一行结出合计数和余额,注明"过次页"字样。同时,将合计数和余额记入下页第一行有关栏内,并注明"承前页"字样,也可以将本页合计数及余额只写在下页第一行有关栏内,并注明"承前页"字样。

（7）年度终了,要把各账户的余额结转下年,并在摘要栏内注明"结转下年"字样,在下年新账第一行余额栏填写上年结转的余额,并在摘要栏内注明"上年结转"字样。

（8）账簿记录不得涂改、刮擦、挖补或用褪色药水更改字迹。发生错误时,应该按照下列方法进行更正:登记账簿时发生错误,记账凭证无差错,应采用划线更正法,并由记账人员在更正处盖章;登记账簿后,因记账凭证填制错误而使账簿记录发生错误时,应更正的记账凭证并登记账簿。

凡订本账,原账页不得因故撕毁、增补、拆开重订。记账人员必须做到及时记载,按时结账、对账,经常检查清理账目。

六、对账与结账

（一）对账

对账,是指核对账目。为了保证账簿记录的真实、正确、可靠,对账簿和账户所记录的有关数据加以检查和核对就是对账工作。通过对账工作,检查账簿记录内容是否完整,有无错记或漏记,总分类账与明细分类账数字是否相等,以做到账证相符、账账相符、账实相符。账证相符,月终要对账簿记录和会计凭证进行核对,以发现错误之处,并进行更正,这也是保证账账、账实相符的基础。账账相符,是指各种账簿之间的核对相符,主要包括本单位各种账簿之间的有关指标应该核对相符,本单位同其他单位的往来账项应该核对相符。账实核对,是指各种财产物资的账面余额与实际数额相核对。

财产清查是对各项财产、物资进行实地盘点和核对,查明财产物资、货币资金和结算款项的实有数额,确定其账面结存数额和实际结存数额是否一致,以保证账实相符的一种会计专门方法。财产清查工作涉及面广,工作量大,为保证财产清查工作顺利、有效地进行,需要遵循一定的程序。财产清查的程序包括:成立清查组织、清查前准备、实施财产清查、财产清查结果的处理。对实物量的清查,常使用实地盘点法和技术推算法;对价值量的清查和核对,常使用账面价值法和查询核实法。实地盘点法是通过实地清点或用计量器具确定法,各项财产物资实物数量的方法。技术推算法是通过特写的技术方法对财产物资的实存数量进行测算的方法。账面价值法是根据被清查财产的账面价值确定财产物资价值的方法。查询核实法是以账簿资料为依据,采用一定的查询方法,检查债权债务金额。

银行存款余额调节表,是在银行对账单余额与企业账面余额的基础上,各自加上对方已收、本单位未收账项数额,减去对方已付、本单位未付账项数额,以调整双方余额使其一致的一种调节方法。本月对账时要使用上月的银行存款余额调节表。将上月银行存款余额调节表中银行已收企业未收、银行已付企业未付这两项内的每一笔业务在本月银行日记账中找到并勾销,同时在上月银行存款余额调节表上写上这些业务在本月的凭证号。将上月银行存款余额调节表中企业已收银行未收、企业已付银行未付这两项内的每一笔业务在本月银行对账单中找到同时在两面一起勾销。将本月银行对账单和银行存款日记账一笔笔业务同时在双方勾销,余下未勾销的按企业已收银行未收、企业已付银行未付、银行已付企业未付、银行已收企业未收,分类记入银行存款余额调节表。将银行存款金额调节表所有数据和内容填入后,计算调整后金额是否相等。银行存款余额调节表要求每一个银行账号编制一张调节表。

调节后双方余额不相等时,要么是未达账项未全部查出,要么是一方或双方账簿记录还有差错。无论是什么原因,都要查清并加以更正。调节后的余额既不是企业银行存款日记账的余额,也不是银行对账单的余额,是当日可以动用的银行存款实有数。对于银行已经划账,而企业尚未入账的未达账项,要待银行结算凭证到达后,才能据以入账,不能以"银行存款调节表"作为记账依据。调节后,如果双方余额相等,一般可以认为双方记账没有差错。

(二)结账

结账,是指把一定时期内应记入账簿的经济业务全部登记入账后,计算记录本期发生额及期末余额,并将余额结转下期或新的账簿。为了保证账簿记录的完整,不得提前结账,也不得将本期发生的经济业务延至下期。在结账前和结账过程中,均需进行对账,以保证账簿日常记录的真实可靠。月结划单线,年结划双线。划线时,应划通栏线红线,不应只在本账页中的金额部分划线。对现金、银行存款日记账按日结账,对其他账户按月、季、年结账。

(1)日结或月结时,应在该日、该月最后一笔经济业务下面划一条通栏单红线,在红线下"摘要"栏内注明"本日合计"或"本月合计"、"本月发生额及余额"字样,在"借方"栏、"贷方"栏或"余额"栏分别填入本日、本月合计数和月末余额,同时在"借或贷"栏内注明借贷方向。然后,在这一行下面再划一条通栏红线,以便与下日、下月发生额划清。

(2)季结时,通常在每季度的最后一个月、月结的下一行,在"摘要"栏内注明"本季合计"或"本季度发生额及余额",同时结出借、贷方发生总额及季末余额。然后,在这一行下面划一条通栏单红线,表示季结的结束。

(3)年结时,在第四季度季结的下一行,在"摘要"栏注明"本年合计"或"本年发生额及余额",同时结出借、贷方发生额及期末余额。然后,在这一行下面划上通栏双红线,以示封账。

(4)年度结账后,总账和日记账应当更换新账,明细账一般也应更换。但有些明细账,如固定资产明细账等可以连续使用,不必每年更换。年终时,要把各账户的余额结转到下一会计年度,只在摘要栏注明"结转下年"字样,结转金额不再抄写。在下一会计年度新建有关会计账簿的第一行余额栏内填写上年结转的余额,并在摘要栏注明"上年结转"字样。不需要编制记账凭证,也不必将余额再记入本年账户的借方或贷方,使本年有余额的账户的余额变为零。否则就混淆了有余额的账户和无余额的账户的区别。

(5) 结账时应当根据不同的账户记录,分别采用不同的方法。

对不需要按月结计本期发生额的账户,如各项应收款明细账和各项财产物资明细账等,每次记账以后,都要随时结出余额,每月最后一笔余额即为月末余额。也就是说,月末余额就是本月最后一笔经济业务记录的同一行内的余额。月末结账时,只需要在最后一笔经济业务记录之下划一单红线,不需要再结计一次余额。

现金、银行存款日记账和需要按月结计发生额的收入、费用等明细账,每月结账时,要在最后一笔经济业务记录下面划一单红线,结出本月发生额和余额,在摘要栏内注明"本月合计"字样,在下面再划一条单红线。

需要结计本年累计发生额的某些明细账户,如产品销售收入、成本明细账簿,每月结账时,应在"本月合计"行下结计自年初起至本月末止的累计发生额,登记在月份发生额下面,在摘要栏内注明"本年累计"字样,并在下面再划一单红线。12月末的"本年累计"就是全年累计发生额,全年累计发生额下划双红线。

总账账户平时只需结计月末余额。年终结账时,为了反映全年各项资产、负债及所有者权益增减变动的全貌,便于核对账目,要将所有总账账户结计全年发生额和年末余额,在摘要栏内注明"本年合计"字样,并在合计数下划一双红线。需要结计本月发生额的某些账户,如果本月只发生一笔经济业务,由于这笔记录的金额就是本月发生额,结账时,只要在此项记录下划一单红线,表示与下月的发生额分开就可以了,不需另结出"本月合计"数。

(6) 结计"过次页"发生额的方法

结计"过次页"的发生额,要根据不同账户记录采用不同的方法。

对需要按月结计本月发生额的账户,结计"过次页"的合计数,应是从本月初至本页末止的发生额的合计数,这样做便于本月结账时加计"本月合计"数。对需要结计"本年累计发生额"的账户,结计"过次页"的本页合计数,应是从年初起至本页末止的累计数,这样做便于年终结账时加计"本年累计"数,结计"过次页"的数之后,在下页第一笔空格摘要栏内居中红字注明"承前页"字样,并在发生额或余额栏内填写上页结转数。

七、错账的查找和更正

(一) 错账查找方法

(1) 尾数法。这种方法对于发生的角、分的差错可以只查找小数部分,以提高查错的效率。

(2) 差数法。这种方法根据双方差额直接查找错账,主要是用于漏记或是重记的账目。例如,正确的合计金额是 695 000 元,若借方漏记 400 000 元,则借方合计 295 000 元;贷方合计 695 000 元。双方差额为 400 000 元,即可根据 400 000 元这个数字直接查找错账。

(3) 除二法。这种方法以双方差额除以 2,根据商数查找错账。例如,正确的合计金额是 695 000 元,若借方 80 000 元误记入贷方,则借方合计 615 000 元;贷方合计 775 000 元。双方差额为 160 000 元,160 000÷2=80 000,即可根据 80 000 元这个数字去查找错账。

(4) 除九法。这种方法以双方差额除以 9,根据商数特征查找错账。例如,正确的合计金额是 695 000 元,若贷方 5 000 误记为 50 000 元,则借方合计 695 000 元;贷方合计 740 000 元。双方差额为 45 000÷9=5 000 元。又如,正确的合计金额是 695 000 元,若贷方 4 985 元颠倒为 4 958 元,则借方合计 695 000 元;贷方合计 694 973 元。双方差额为 27 元,27÷9=3,求得的商数为被颠倒两数之差(本例为 8－5＝3)。即可根据商数的这一特征去查找错账。

(二)错账更正方法

根据差错的发现时间,可以分为日后期间(年度资产负债表日至财务会计报告批准报出日之间)发现的差错和当期(当年年度内日后期间之外的其他时间)发现的差错。根据差错的所属期间,可以分为属于当年的差错和属于以前年度的差错。根据重要性,可以分为重大会计差错和非重大会计差错。更正会计差错的方法从技术角度看包括:划线更正法、红字更正法、补充登记法、综合调整法等。会计差错更正按是否追溯到差错发生的当期或尽可能的早期,分为追溯重述法和未来适用法。

(1)划线更正法。这种方法适用于更正记账凭证正确但是记账时发生的错账。即先在错误的文字、数字上划一红线,然后在划线上方用蓝字填写正确的记录。在划线时,如果是文字错误,可只划销错误部分;如果是数字错误,应将全部数字划销,不得只划销错误数字。划销时必须注意使原来的错误字迹仍可辨认。更正后,经办人应在划线的一端盖章,以示负责。

(2)红字更正法。这种方法适用于更正记账凭证上会计科目用错而引发的错账和更正记账凭证上金额写多而引发的错账。即先用红字填制一张与原错误完全相同的记账凭证(只是数字用红字),据以用红字登记入账,冲销原有的错误记录;同时用蓝字填制一张正确的记账凭证,并在"摘要"栏注明"订正×年×月×号凭证"字样,据以登记入账,这样就把原来的差错更正过来。应用红字更正法是为了正确反映账簿中的发生额和科目对应关系。

(3)补充登记法。这种方法适用于更正记账凭证上金额少写而引发的错账。在记账以后,发现记账凭证填写的金额小于实际金额时,可采用补充登记法更正。可将少记金额填制一张记账凭证补充登记入账,并在"摘要栏"注明"补充×年×月×日×号凭证少记金额"字样。

(4)综合调整法。适用于用错了会计科目并多记或少记金额的错账。这种方法对应该使用而未使用的会计科目采用补充登记,对不应该使用而使用了的会计科目采用反方向冲销进行调整的方法。

(5)追溯重述法和未来适用法。企业应当采用追溯重述法更正重要的前期差错。追溯重述法是指在发现前期差错时,视同该项前期差错从未发生过,从而对财务报表相关项目进行更正的方法。前期差错更正影响损益的,先通过"以前年度损益调整"科目核算,之后再将该科目余额转入"利润分配——未分配利润"科目。确定前期差错影响数不切实可行的,可以从可追溯重述的最早期间开始调整留存收益的期初余额,财务报表的其他相关项目的期初余额也应当一并调整,也可以采用未来适用法。对于不重要的前期差错,采用未来适用法更正。未来适用法,是指不追溯而视同当期差错一样更正。

八、会计书写规范

会计书写规范是指会计工作人员,在经济业务活动的记录过程中,对接触的数码和文字的一种规范化书写以及书写方法。

(一)阿拉伯数字书写要求

(1)每个数字要大小匀称、笔画流畅,每个数字独立有形,不能连笔书写,要让使用者一目了然。

(2) 每个数字要紧贴底线书写,但上端不可顶格,其高度约占全格的1/2～2/3的位置,要为更正错误数字留有余地。除6、7、9外,其他数字高低要一致。书写数字"6"时,上端比其他数字高出1/4,书写数字"7"和"9"时,下端比其他数字伸出1/4。

(3) 书写每个数字排列有序,并且数字要有一定倾斜度。各数字的倾斜度要一致,一般要求上端一律向右倾斜45度到60度。

(4) 书写数字时,各数字从左至右,笔画顺序是自上而下,先左后右,并且大小一致,数字排列的空隙应保持一定且同等距离,每个数字上下左右要对齐,在印有数位线的凭证、账簿、报表上,每一格只能写一个数字,不得几个字挤在一个格里,更不能在数字中间留有空格。

(5) 会计数字的书写必须采用规范的手写体书写,这样才能使会计数字规范、清晰、符合会计工作的要求。

(6) 会计工作人员要保持个人的独特字体和书写特色,以防止别人模仿或涂改。会计数字书写时,除数字"4"和"5"以外,必须一笔写成,不能人为地增加数字的笔画。

(7) 不要把数字"0"和"6""1"和"7""3"和"8""7"和"9"的书写混淆。在写阿拉伯数字的整数部分,可以从小数点向左按照"三位一节"用分位点","分开或加1/4空分开。

(8) 阿拉伯数字表示的金额为小写金额,书写时,应采用人民币符号"￥"。"￥"是"元"字的汉语拼音第一个字母缩写变形,它既代表了人民币的币制,又表示人民币"元"的单位。所以,小写金额前填写人民币符号"￥"以后,数字后面可不写"元"字。

所有以元为单位的阿拉伯数字,除表示单价等情况外,一律填写到角分。无角分的,角位和分位可写"00"或符号"—";有角无分的,分位应写"0",不得用符号"—"代替。

需要注意的是,"￥"与数字之间不能留有空格。书写人民币符号时,要注意"￥"与阿拉伯数字的明显区别,不可混淆。在填写会计凭证、登记会计账簿、编制会计报表时,数字必须要按数位填入,金额要采用"0"占位到"分"为止,不能采用划线等方法代替。

(二) 中文大写数字写法

中文大写数字笔画多,不易涂改,主要用于填写需要防止涂改的销货发票、银行结算凭证等信用凭证,书写时要准确、清晰、工整、美观。中文大写数字写错或发现漏记,不能涂改,也不能用划线更正法,必须重新填写凭证。会计人员进行会计事项处理书写大、小写金额时,必须做到大小写金额内容完全一致,书写熟练、流利,准确完成会计核算工作。中文大写数字的基本要求如下:

(1) 中文分为数字(壹、贰、叁、肆、伍、陆、柒、捌、玖)和数位[拾、佰、仟、万、亿、元、角、分、零、整(正)]两个部分。中文书写通常采用正楷、行书两种。会计人员在书写中文大写数字时,不能用O(另)、一、二、三、四、五、六、七、八、九、十等代替大写金额数据,不得任意自造简化字。

(2) 大写金额前若没有印制"人民币"字样的,书写时,在大写金额前要冠以"人民币"字样。"人民币"字样与金额首位数字之间不得留有空格,数字之间更不能留存空格,写数字与读数字顺序要一致。

(3) 人民币以元为单位时,只要人民币元后分位没有金额(即无角无分或有角无分),应在大写金额后加上"整"字结尾;如果分位有金额,在分后不必写"整"字。

(4) 阿拉伯金额数字中间有"0"时,汉字大写金额要写"零"字,如￥101.50,汉字大写金额应写成人民币壹佰零壹圆伍角整。阿拉伯金额数字中间连续有几个"0"时,汉字大写金额中可以只写一个"零"字,如￥1 004.56,汉字大写金额应写成人民币壹仟零肆圆伍角陆分。阿拉伯金额数字元位是"0"或数字中间连续有几个"0",元位也是"0",但角位不是"0"时,汉字大写金额可只写一个"零"字,也可不写"零"字,如￥1 320.56,汉字大写金额应写成人民币壹仟叁佰贰拾圆零伍角陆分,或人民币壹仟叁佰贰拾圆伍角陆分。

(5) 表示数字为拾几、拾几万时,大写文字前必须有数字"壹"字,因为"拾"字代表位数,而不是数字。

(6) 大写数字不能乱用简化字,不能写错别字,如"零"不能用"另"代替,"角"不能用"毛"代替等。

(7) 中文大写数字不能用中文小写数字代替,更不能与中文小写数字混合使用。

(8) 为防止变造票据的出票日期,在填写月、日时,月为壹、贰和壹拾的,日为壹至玖和壹拾、贰拾和叁拾的,应在其前加"零";日为拾壹至拾玖的,应在其前加"壹"。

九、会计资料的整理装订

会计凭证记账后,应及时装订,一般每月装订一次,装订的范围包括原始凭证、记账凭证、科目汇总表、银行对账单等。装订前应将凭证进行整理,会计凭证的整理工作,主要是对凭证进行排序、粘贴和折叠。装订好的凭证按年分月妥善保管归档。

原始凭证有的应作为记账凭证附件,随记账凭证装订存档;有的属于以后需使用的凭证,如收到的商业汇票、固定资产卡片等;有的是由会计人员填制后交给外单位的,如现金支票和转账支票等。应装订的各种凭证,一律以左上角对齐便于装订,各种大于记账凭证的原始凭证,均以记账凭证为准折叠整齐,并注意将装订角留出。

对于纸张面积过小的原始凭证,一般不能直接装订,可先按一定次序和类别排列,再粘在一张同记账凭证大小相同的白纸上,粘贴时以胶水为宜。小票应分张均匀排列,同类同金额的单据尽量粘在一起,同时,在一旁注明张数和合计金额。如果是板状票证(如火车票),可以将票面票底轻轻撕开,厚纸板弃之不用。

当原始凭证大于记账凭证时,大多数人的做法是先折叠左边的角,再向里面折叠。这样折叠后折叠的角在下面,在查阅时要先拉开折叠的部分,再拉开折叠处的左边边角。也可以将折叠的顺序反一下,即先向里折叠后,再折叠左边的角。这样折叠后折叠的角在上面。别看只是顺序的一转换,但在查阅时,只需将上面的角一拉,即可全部打开。

对于纸张面积略小于记账凭证的原始凭证,可以用回形针或大头针别在记账凭证后面,待装订凭证时,抽去回形针或大头针。有的原始凭证不仅面积大,而且数量多,可以单独装订,如工资单,耗料单。但在记账凭证上应注明保管地点。

由于原始凭证往往大于记账凭证,从而折叠过多,这样一本凭证就显得中间厚,装订线的位置薄,订出的一本凭证像条鱼一样。这时可以用稍厚些的硬板纸或一些纸折成许多三角形,均匀地垫在装订线的位置。这样的装订出来的凭证就显得整齐了。

(1) 将凭证封皮和封底裁开,分别附在凭证前面和后面,再拿一张质地相同的纸放在封皮上角,做护角纸。

(2) 在凭证的左上角画一边长为5厘米(一般为凭证宽度的2/5)的等腰三角形(一般包角纸的长度为凭证封面的3/5,具体长度以包角后能盖住装订线,且凭证背面包角纸成完整的近似正方形为准;高度至少与凭证封面相等),用夹子夹住,用装订机在底线上分布均匀地打眼。

"三针引线法"为在左上角部位打上三个针眼,"角订法"为在左上角部位打上两个针眼,用大针引线绳穿过针眼。

(3) 在凭证的正面打结,结的位置应靠近一孔,以便将结塞进孔中,保证封面平整。线绳最好把凭证两端也系上。

(4) 将护角向左上侧面折,并将一侧剪开(注意包侧边的部分)至凭证的左上角,然后抹上胶水。

(5) 向上折叠,将侧面和背面的线绳扣包住。

(6) 待晾干后,在凭证本的侧脊上面写上"年、月、第几册共几册"的字样(建议使用号码印)。装订人在装订线封签处签名或者盖章。现金凭证、银行凭证和转账凭证最好依次顺序编号,一个月从头编一次序号,如果单位的凭证少,可以全年顺序编号。

各种会计账簿年度结账后,除跨年使用的账簿外,其他账簿应按时整理立卷。会计报表编制完成及时报送后,留存的报表按月装订成册谨防丢失。报表连同附注一起装订,报表要加封面,封面上写明种类,编制单位名称、单位负责人、会计主管和制表人签章,编报日期及送报日期等。各单位对会计凭证、会计账簿、财务会计报告和其他会计资料应建立档案,妥善保管。

十、实训考核

会计综合模拟实训能够提高学生的实际动手能力,学生能体验到真实的业务流程,从而加快学生的职业化进程,真正做到无障碍上岗。模拟实训以企业的经济活动为脉络、以涵盖企业经济活动全过程的仿真模拟实训资料为依托,使学生学会会计手工模拟循环,并配合财务软件的电算化操作,让学生熟悉企业会计处理的基本流程,培养对企业实际业务的账务处理能力,提高学生的专业知识水平、顶岗上班的技能和综合职业素养,培养学生综合分析问题的能力和创新能力。模拟实训是深化会计教学改革必不可少的环节;是学生获取综合知识、提高专业技能的重要保证。

手工账实习的优点在于学生能学习到从原始凭证到报表的全过程,能理解会计工作的运作程序和资料的承接性。缺点在于有大量烦琐的登账工作。电算化的优点在于简化了登账、计算的工作,但大量的后台处理使学生无法看到会计工作的运作程序。而让学生将手工账完成的资料运用于会计电算化实习的优点在于:可以使学生掌握如何由手工做账过渡到用计算机进行账务处理,可以将学生在手工做账模拟实习所完成的全套会计资料用做会计电算化模拟实习的资料。使用同一套资料进行手工做账实习和会计电算化实习,学生可以进一步体会手工做账和计算机做账的区别与联系。实训要防止"重凭证,轻报表""重成本,轻税务""重核算,轻管理""重电算,轻手工"等问题的发生。会计实训中要兼顾其他行业会计。不能只掌握工业企业会计,忽略了其他企业会计。学生在校期间不可能分行业开设会计课程,要熟悉施工企业会计、房地产开发企业会计、金融企业会计、商品流通企业、农业企业会计、行政事业单位会计的特点,以便从事不同行业的会计工作。

会计模拟实习是财经类院校的财会教师多年研究和实践的一项重要课题。会计教学引入会计模拟实习是会计教学的重大变革,它解决了长期以来财经类院校学生毕业实习难的问题,使会计专业学生在校期间学会手工记账和会计电算化成为现实,极大地提高了会计教学质量。完善实践考核制度,提高学生的学习积极性是许多学校多年探索的问题。为了使实践效果落到实处,无论校内实训还是校外实习,无论手工实训还是上机操作,既要注重结果考核又要注重过程考核。出勤是对学生学习态度的考核。凭证账表是对学生书写是否规范,内容是否完整进行的考核。答辩是对学生实践过程真实性的考核。及时检查学生建账、编制凭证、登账、编制报表、装订等,同时教师将做账的内容整理成题目,进行答辩,按其正确程度给予成绩。答辩可以减少抄袭现象,同时提高学生的应变能力。

(一)凭证(30分)

检查是否有未填制的原始凭证;摘要是否清晰;错误是否按正确方法更正;年、月、日及编号是否齐全、连续;是否说明了附件张数;同号分页记账凭证是否按 1/n、2/n、3/n、n/n 编号;"制单"、"记账"、"审核"处是否填写了姓名;记账后是否有记账符号"√";明细项目是否齐全、正确。以上要求,一处不符合扣3分。

(二)账簿(30分)

检查上年结转数否标明"上年结转"字样;小计、月计、累计是否正确;余额结示的位置是否正确;数量金额式账户是否有数量记录;记账需自然过渡到下一页时是否标明"承前页"字样;结转下页的格式和内容是否正确;是否有涂改、挖、擦、刮、补现象;开账是否不齐、不平;总账、明细账是否不符;数字书写是否不规范,难以辨认;账账、账证、账表是否不符。以上要求,一处不符合扣3分。

(三)报表(10分)

检查是否有涂改、刮擦、挖补的数字;勾稽关系是否正确;现金流量表的补充资料是否齐全;调整分录是否正确;抵消分录是否正确;合并报表是否已编制;财务分析内容是否齐全;问题建议是否具体。以上要求,有一处错误扣3分。

(四)会计档案装订(10分)

(1)装订不齐;
(2)装订松散。

(五)考勤方面(10分)

(1)迟到早退每次扣3分;
(2)无故旷课每次扣3分。

(六)实习报告或者实训答辩(10分)

实习报告包括实验目的、实验内容和实验心得。要求其格式规范,文字工整,有实际内容,观点明确,不少于2 000字。

第四章　会计实训资料

一、账户期初余额

　　武汉光谷机械有限责任公司于2013年年底筹建,2014年年初营业,连续三年年初固定资产原值4 500万元,每年计提折旧292.8万元。2016年年底一车间处置一台机器设备原值10万元,冲减折旧2.88万元,收回现金4.32万元,发生损失2.8万元。2016年年底购买一台机器设备价值30万元供一车间使用。2017年6月购买一台管理部门使用的其他设备原值2.5万元。

　　公司固定资产的净残值率4%。房屋(能够合理分摊),20年;月折旧率0.4%;机器设备,10年;月折旧率0.8%;运输设备和其他设备,5年;月折旧率1.6%。2017年年初固定资产分布如下:管理部门房屋934.125万元;运输设备50万元;其他设备40万元。销售部门房屋500万元;运输设备40万元,其他设备40万元。一车间房屋882.937 5万元;机器设备570万元;其他设备15万元。二车间房屋982.937 5万元;机器设备450万元;其他设备15万元。无形资产:4 800平方米,480万元,50年,每月摊销8 000元;六级,年税每平方米2元,每月土地使用税800元。包含地价房屋原值3 780万元,房产税每年3 780×(1−30%)×1.2%=31.752万元,每月2.646万元。管理部门2辆微型车,年税额600元;销售部门2辆中型车,年税额960元。车船税年税额1 560元。

　　本企业设两个基本生产车间,生产丙(甲继续加工)、丁(乙继续加工)两种产品。企业现有职工200人。一车间主管2人,车间管理人员5人,生产人员90人,其中54人生产甲产品,36人生产乙产品;二车间主管2人,车间管理人员5人,生产人员60人,其中33人生产丙产品,27人生产丁产品;管理部门(包括财务部、综合部、质量部)26人,其中总经理1人,部门经理5人,主管4人,一般人员16人;销售部门10人,其中主管2人,一般人员8人。

　　总经理(1个)每月8 000元;部门经理(5个)每人每月5 000元;主管人员(一车间2个,二车间2个,管理部门4个,销售部门2个)每人每月4 000元;一般人员184人,11月车间生产人员每人3 200元;12月车间生产人员每人3 000元,其他一般人员每人每月3 000元。

　　养老保险由用人单位和职工共同缴纳。单位缴20%,个人缴8%。医疗保险由用人单位和职工共同缴纳。单位缴8%,个人缴2%。失业保险由用人单位和职工共同缴纳。单位缴1%,个人缴1%。生育保险由用人单位缴纳,生育保险费率0.5%,个人不用缴纳。工伤保险由用人单位缴纳,工伤保险费率0.5%,个人不用缴纳。住房公积金由单位和职工共同缴纳。单位和职工缴存比例7%。个人负担的部分即8%+1%+2%+7%=18%,公司负担的部分即20%+8%+1%+0.5%+0.5%+7%=37%。

　　一般员工的缴费基数按平均每人2 000元计算,企业为每人负担"五险一金",即2 000×(30%+7%)=740元,个人负担2 000×(11%+7%)=360元。主管人员的缴费基数按平均每人3 000元计算,企业为每人负担3 000×(30%+7%)=1 110元,个人负担3 000×(11%+7%)=540元。总经理和经理的缴费基数按平均每人5 000元计算,企业为每人负担5 000×

(30%+7%)=1 850元,个人负担 5 000×(11%+7%)=900元。缴费基数合计 428 000元。企业负担的社保和住房公积金共 428 000×(30%+7%)=158 360元,个人负担的社保和住房公积金共 428 000×(11%+7%)=77 040元,合计 235 400元。

本企业上月工资 65.5 万元,应缴个人所得税 345 元,本月工资 62.5 万元,应缴个人所得税 345 元。一般人员 184 人每人年终奖 1 200元,主管人员每人年终奖 2 400 元,总经理和部门经理每人年终奖 3 600 元,共计 26.64 万元。年终奖金应缴个人所得税 3 232.8 元。

总经理工资个税 255 元,部门经理工资个税 18 元,总经理和部门经理年终奖个税 108 元,主管人员年终奖个税 70.8 元,一般人员年终奖个税 10.2 元。

工资个人所得税合计=255+18×5=345(元)

年终奖个人所得税合计=108×6+70.8×10+10.2×184=3 232.8(元)

表 4-1　2017 年 12 月期初科目余额表　　　　　　　　　　单位:元

总账科目		总账余额	明细账的格式与余额资料
1001	库存现金	3 150	三栏式日记账:余额 3 150
1002	银行存款	4 410 075.2	三栏式日记账:工行 4 330 075.2,建行 80 000
1012	其他货币资金	0	三栏式明细账:银行本票 0
1101	交易性金融资产	530 000	三栏式明细账:成本借方余额 500 000,公允价值变动借方余额 30 000
1121	应收票据	10 059 291	三栏式明细账 东方公司 6 000 000;南方公司 3 544 291;北方公司 515 000;长青公司 0
1122	应收账款	16 657 200	三栏式明细账 中南公司 9 400 000;西北公司 1 000 000;西南公司 6 257 200;大发公司 0
1123	预付账款	0	三栏式明细账:蓝天公司 0
1132	应收利息	0	三栏式明细账:国债 0
1221	其他应收款	25 000	三栏式明细账:备用金 25 000
1231	坏账准备	100 000（贷方）	三栏式明细账:应收账款 100 000
1401	材料采购	0	三栏式明细账:A、B、C、D、E、劳保、包装物、工具,余额为 0
1403	原材料	650 800	设置数量金额式明细账 材料—A(生产甲)单位计划成本 750;300 件;金额 225 000; 材料—B(生产乙)单位计划成本 700;200 件;金额 140 000; 材料—C(生产丙丁)单位计划成本 490;500 件;金额 245 000; 材料—D(生产丙)单位计划成本 100;300 件;金额 30 000; 材料—E(修理配件)单位计划成本 40;270 个;金额 10 800
1404	材料成本差异	17 376	三栏式明细账:材料借方余额 16 866;周转材料借方余额 510
1405	库存商品	1 040 928	数量金额式明细账:丙 300 件单价 2 312 合计 693 600;丁 201 件单价 1 728 合计 347 328

(续表)

总账科目		总账余额	明细账的格式与余额资料
1411	周转材料	13 500	数量金额式明细账： 周转—劳保用品：单位计划成本100；20套；金额2 000 周转—包装箱：单位计划成本30；200个；金额6 000 周转—工具：单位计划成本50；110个；金额5 500
1501	债权投资	480 500	三栏式明细账：本金借方余额550 000；利息调整贷方余额69 500
1503	其他权益工具投资	0	三栏式明细账：成本0；公允价值变动0
1511	长期股权投资	5 660 000	三栏式明细账：南湖公司：成本1 500 000，损益调整借方余额160 000；东湖公司4 000 000
1601	固定资产	45 225 000	三栏式明细账：房屋3 300万元；机器设备1 020万元；运输设备90万元；其他设备112.5万元，固定资产卡片和固定资产登记簿
1602	累计折旧	11 456 800（贷方）	设三栏式明细账：贷方余额，房屋620.4万元；机器设备374.88万元；运输设备67.68万元；其他设备82.72万元
1604	在建工程	2 400 000	三栏式明细账：仓库2 400 000
1606	固定资产清理	0	三栏式明细账：机器设备0
1701	无形资产	4 800 000	三栏式明细账：土地使用权4 800 000
1702	累计摊销	376 000（贷方）	三栏式明细账：土地使用权贷方余额376 000
1811	递延所得税资产	25 000	三栏式明细账：应收账款25 000
1901	待处理财产损溢	0	三栏式明细账：流动资产0
2001	短期借款	1 000 000（贷方）	三栏式明细账：建行1 000 000
2201	应付票据	1 309 577（贷方）	三栏式明细账： 华东公司659 577；华南公司350 000；群贤公司300 000；大地公司0
2202	应付账款	1 663 072.7（贷方）	三栏式明细账： 华北公司116 272.7；华中公司46 800；东湖公司1 500 000；南海公司0
2211	应付职工薪酬	813 360	三栏式明细账：工资655 000；社会保险128 400；住房公积金29 960；工会经费0；职工教育经费0；职工福利费0
2221	应交税费	636 000（贷方）	三栏式明细账：贷方余额，应交个人所得税0；应交城建税28 000；应交教育费附加12 000；应交地方教育附加8 000；应交堤防维护费8 000；应交企业所得税180 000；未交增值税400 000；应交房产税0；应交土地税0；应交车船税0；专用多栏式明细账：应交增值税0
2231	应付利息	650 000（贷方）	三栏式明细账：短期借款25 000；长期借款625 000。

(续表)

总账科目		总账余额	明细账的格式与余额资料
2232	应付股利	0	三栏式明细账:M公司0;N公司0
2241	其他应付款	0	三栏式明细账:三险一金0
2501	长期借款	20 000 000(贷方)	三栏式明细账:建行贷方余额20 000 000
2901	递延所得税负债	0	三栏式明细账:三峡股票余额0;百胜债券余额0
4001	实收资本	40 000 000(贷方)	三栏式明细账:M公司贷方余额20 000 000;N公司贷方余额20 000 000
4004	其他综合收益	0	三栏式明细账:不能重分类进损益贷方余额0
4101	盈余公积	2 160 000(贷方)	三栏式明细账:法定盈余公积1 080 000;任意盈余公积1 080 000
4103	本年利润	5 062 792.5(贷方)	不设置明细账
4104	利润分配	8 640 000(贷方)	三栏式明细账:未分配利润贷方余额:8 640 000;提取法定盈余公积0;提取任意盈余公积0;应付现金股利。
5001	生产成本	1 869 782	专用多栏式明细账: 甲400件;直接材料300 670;直接人工76 734;制造费用53 684.4;合计431 088.4 乙300件;直接材料193 400;直接人工22 856;制造费用15 939.6;合计232 195.6 丙400件;直接材料738 184;直接人工50 743;制造费用44 480.7;合计833 407.7 丁200件;直接材料300 880;直接人工36 717;制造费用35 493.3;合计373 090.3
5101	制造费用	0	多栏式明细账:一车间0;二车间0
6001	主营业务收入	0	三栏式明细账:丙;丁
6101	公允价值变动损益	0	三栏式明细账:交易性金融资产
6111	投资收益	0	三栏式明细账:东湖公司;南湖公司;股票;债券
6115	资产处置损益	0	三栏式明细账:固定资产
6401	主营业务成本	0	三栏式明细账:丙;丁
6403	税金及附加	0	多栏式明细账,栏目包括:城建税;教育费附加;地方教育附加;堤防维护费;其他税金
6601	销售费用	0	多栏式明细账,栏目包括:业务招待费;广告业务宣传费;差旅费,其他
6602	管理费用	0	多栏式明细账,栏目包括:差旅费;办公费;业务招待费;其他
6603	财务费用	0	三栏式明细账,包括:利息支出;利息收入;手续费;现金折扣
6702	信用减值损失	0	三栏式明细账:应收账款

(续表)

总账科目		总账余额	明细账的格式与余额资料
6711	营业外支出	0	多栏式明细账,栏目包括:捐赠支出;重组损失;清理损失;
6801	所得税费用	0	三栏式明细账:当期所得税;递延所得税
		资产 81 934 802.2＝负债 26 072 009.7＋所有者权益 55 862 792.5	

二、2017年12月模拟经济业务

企业真实的会计工作,只有反映经济业务发生或者完成时的原始凭证,没有文字描述也没有原始凭证的顺序排列,需要根据外来原始凭证编制记账凭证,需要根据自制原始凭证进行计提结转的账务处理,需要根据原始凭证所反映的内容进行确认、计量、记录和报告。实训可以要求学生不看文字描述直接分析原始凭证进行会计处理。2019年4月1日起增值税税率调整为13%、9%和6%。

(1) 2017年12月2日,采购人员陈刚出差借支差旅费2万元,开出现金支票。员工出差应填写"出差申请单",并按规定程序报批后,到财务部门预借差旅费。备用金分为定额备用金和非定额备用金。非定额备用金一般按估计需用数额领取,支用后报销,多退少补。定额备用金按照规定的数额领取,支用后报销,补足原定额。

(2) 12月3日,采用委托收款方式收到前期中南公司货款340万元。银行结算方式包括:银行汇票、商业汇票、银行本票、支票、汇兑、委托收款、托收承付、信用卡、信用证等。银联是银行卡的线下支付清算平台,网联是非银行支付机构网络支付清算平台。

(3) 12月3日,购进A材料650件,单价760元,B材料1 100件,单价705元,货款价税合计1 485 315元,运输费用价税合计22 200元,取得增值税专用发票,使用转账支票结算。运费按重量比例分配,重量比例为2∶3。企业将发票联作为原始凭证记账,抵扣联和认证通知单按月装订成册以备税务机关检查。

(4) 12月3日,向工商银行申请签发银行本票一张,金额1 274 130元。银行本票是申请人将款项交存银行,由银行签发的承诺自己在见票时无条件支付确定的金额给收款人或者持票人的票据。银行本票存款属于其他货币资金。本票是自付证券,本票只用于同一票据交换地区。汇票是委付证券,汇票在同城和异地都可以使用。

(5) 12月3日,使用银行本票购进C材料2 200件,单价495元,取得增值税专用发票,银行本票已交给收款单位,银行间已办理资金划拨。

(6) 12月4日,从大地公司购进D材料850件,单价102元,价税合计101 439元,采用商业承兑汇票结算,取得增值税专用发票。会计软件需要根据业务增加额和供应商。

(7) 12月4日,使用转账支票支付展览费9 270元,取得增值税普通发票,增值税普通发票不能抵扣。

(8) 12月5日,本月购买的A材料和B材料验收入库,结转入库形成的材料成本差异。A材料单位计划成本750元,B材料单位计划成本700元。总分类账与其所属的明细分类账采用平行登记。

(9) 12月5日,本月购买C材料和D材料验收入库,结转入库形成的材料成本差异。C材料单位计划成本490元,D材料单位计划成本100元。企业存货的日常核算有两种方法:一种是采用实际成本进行核算;一种是采用计划成本进行核算。

(10) 12月6日,外购修理用E配件50个,单价38元,价税合计2 223元,采用转账支票结算,取得增值税专用发票。

(11) 12月6日,公司的产品在保修期内出现问题,支付修理费412元,取得增值税普通发票。该企业产品保修费用由于事先不能可靠地计量,因而未确认预计负债,在实际发生时计入当期损益。

(12) 12月9日,本月购买的E配件验收入库,单位计划成本40元,结转入库形成的成本差异。企业应当根据市场情况和采购计划合理选择采购方式。大宗采购应当采用招标方式;一般物资或劳务的采购可以采用询价或定向采购方式并签订合同协议;小额零星物资或劳务的采购可以采用直接购买方式。

(13) 12月9日,购买劳保用品140套,单价117元,价税合计16 380元,采用转账支票结算,取得增值税普通发票。

(14) 12月9日,从南海公司购买包装箱2 000个,单价31元,价税合计72 540元,货款尚未支付,取得增值税专用发票。

(15) 12月9日,购买修理工具60个,单价59元,价税合计3 540元,采用转账支票结算,取得增值税普通发票。一般纳税人开的普通发票,不能抵扣,一般纳税人开的专用发票,符合条件可以抵扣。小规模企业开的普通发票,不能抵扣,税务机关给小规模企业代开的专用发票,可以抵扣。

(16) 12月9日,本月购买的劳保用品、包装箱、工具验收入库,结转周转材料的材料成本差异。劳保用品单位计划成本100元,包装箱单位计划成本30元,工具单位计划成本50元。周转材料,是指企业能够多次使用,逐渐转移其价值但仍保持原有形态不确认为固定资产的材料,如包装物、低值易耗品以及企业(建造承包商)的钢模板、木模板、脚手架等。

(17) 12月9日,北方公司商业票据到期,货款51.5万元存入银行。商业汇票在同城、异地均可使用,付款期限不得超过6个月。

(18) 12月9日,签发现金支票,提取现金25 000元备用。

(19) 12月10日,采购人员陈刚出差回来,报销差旅费2.3万元,取得增值税普通发票,单位补给其现金3 000元。差旅费是指工作人员临时到常驻地以外地区公务出差所发生的城市间交通费、住宿费、伙食补助费和市内交通费。员工出差返回后,填写"差旅费报销单",按出差开支标准审批后报销。一般纳税人取得住宿费专用发票,可以按规定进行抵扣,企业购进餐饮服务,进项税额不得从销项税额中抵扣。

(20) 12月10日,发放上月工资并代扣个人所得税345元。上月工资65.5万元,个人负担的保险4.708万元,住房公积金2.996万,合计7.704万元,代扣个税345元,实发工资57.761 5万元。员工事假期间,一律不发给工资,实行月薪制的,应当按月薪÷月计薪天数21.75计算扣除工资。员工病假期间,用人单位应当发给病假工资,具体标准由用人单位按不低于当地最低工资标准80%自主确定。代扣个人的三险一金实训通过"其他应付款"核算。也可以不通过"其他应付款"核算,直接通过"应付职工薪酬"科目处理。

(21) 12月10日,企业上缴上月企业负担的保险12.84万元,住房公积2.996万元;个人负担的保险4.708万元,住房公积2.996万。合计23.54万元。用人单位未按时足额缴纳社会保险费的,由社会保险经办机构按照社会保险法的规定,责令其限期缴纳或者补足,并自欠缴之日起按日加收0.5‰的滞纳金;逾期仍不缴纳的,由社会保险行政部门处欠缴数额1倍以上3倍以下的罚款。

(22) 12月10日,申报并代缴上月工资的个人所得税345元。工资、薪金所得应纳的税款,按月计征,由扣缴义务人或者纳税义务人在次月15日内缴入国库,并向税务机关报送纳税申报表。对扣缴义务人按照所扣缴的税款,付给2%的手续费,扣缴义务人可将其用于代扣代缴费用开支和奖励代扣代缴工作做得较好的办税人员。收到手续费作其他收益处理。

(23) 12月10日,签发转账支票支付产品质量认证费7210元,取得增值普通发票。质量认证也叫合格评定,是国际上通行的管理产品质量的有效方法。不论是产品质量认证,还是质量体系认证都是第三方从事的活动,确保认证的公正性。

(24) 2017年6月10日,以赚取差价为目的从二级市场购入的武商发行的股票10万股,分类为以公允价值计量且其变动计入当期损益的金融资产,每股5元,交易费用0.05万元,全部款项50.05万元以银行存款支付,取得时确认投资损失0.05万元。2017年6月30日,该股票公允价值为每股5.3元,确认公允价值变动损益3万元。2017年12月10日,将该股票全部处置,每股6元,交易费用为0.15万元。由于不跨年度未确认交易性金融资产形成的递延所得税。对买卖、继承、赠予所书立的A股、B股股权转让书据,由出让方按1‰的税率缴纳股票交易印花税。金融商品转让计征增值税,按照卖出价扣除买入价后的余额为销售额,若相抵后出现负差,可结转下一纳税期与下期转让金融商品销售额相抵,但年末时仍出现负差的,不得转入下一个会计年度,金融商品转让,不得开具增值税专用发票。实训不考虑纳税人从事金融商品买卖业务的增值税(系差额征税应计入"投资收益"科目)。证券交易结算资金应纳入专用存款账户管理,存出投资款属于其他货币资金,实训直接通过银行存款简化处理。

(25) 12月10日,购买办公用品价税合计4576元,取得增值税普通发票。公司各项支出必须事先提出计划,按支出审批权限批准后列支。预算管理,是利用预算对企业内部各部门、各单位的各种财务及非财务资源进行分配、考核、控制,以便有效地组织和协调企业的生产经营活动,完成既定的经营目标。

(26) 12月10日,支付南海公司购买包装箱货款72540元,支付货款须授权批准。

(27) 12月10日,本期材料领用汇总情况如下:A材料600件(用于生产甲产品);B材料1000件(用于生产乙产品);C材料2000件(800件用于生产丙产品;1200件用于生产丁产品);D材料800件(用于生产丙产品);配件250个(一车间领用配件125个;二车间领用配件125个)。

(28) 12月10日,本期周转材料发出汇总情况如下:劳保用品60套(一车间35套,二车间25套);包装箱2000个(丙800个,丁1200个);工具80个工具(一车间40个;二车间40个)。生产领用包装物计入直接材料项目,周转材料采用一次摊销法。

(29) 12月10日,购买电脑4台,价税合计18720元,取得增值税专用发票。电脑属于其他设备,交付管理部门使用。

(30) 12月10日,华中公司货款46800元,折扣条件是20天内付款享受价款2%的优惠,公司享受现金折扣800元,实际支付46000元。销售商品涉及现金折扣的,应当按扣除现金折扣前的金额确定销售商品收入金额,现金折扣在实际发生时作为财务费用扣除。商品销售涉及商业折扣的,应当按照扣除商业折扣后的金额确定销售商品收入金额。

(31) 12月10日,开出现金支票,提取现金8000元备用。

(32) 12月10日,管理人员报销市内交通费10 832元,用现金支付。

(33) 12月10日,管理人员报销停车费、高速公路通行费1 980元,用现金支付。实训不考虑通行费的计算抵扣。不符合税收规定的发票不得作为税前扣除凭据。行政性罚款不得税前扣除,企业之间违反合同的罚款、银行的罚息不属于行政性罚款,可以税前扣除。

(34) 12月10日,缴纳车辆保险费9 600元,财产保险费6 000元。保险服务增值税税率为6%。如果保险取得合法的扣税凭证,可以抵扣进项税额。企业发生的受益期在一年以内的费用,直接计入当期损益。

(35) 12月10日,支付现金150元购买增值税发票。增值税专用发票是由国家税务总局监制设计印制的,只限于增值税一般纳税人领购使用的,既作为纳税人反映经济活动中的重要会计凭证又是兼记销货方纳税义务和购货方进项税额的合法证明。

(36) 12月10日,支付汉江税务师事务所鉴证费1 030元,取得增值税普通发票。涉税鉴证,是指注册税务师对鉴证对象信息实施必要的审核程序,并出具鉴证报告,以增强除责任方之外的预期使用者对鉴证对象信息信任程度的行为和过程。

(37) 12月10日,管理部门用现金支付快递公司快递费用309元。取得增值税普通发票。

(38) 2015年末出资400万元组建东湖机械有限责任公司,拥有其80%股份,长期股权投资采用成本法核算。2016年东湖公司盈利50万元,2017年分配股利35万元,12月10日,光谷公司分得现金股利28万元。不考虑股利分配与支付的时间差。股利符合税法的免税规定。上一年的股利一般在第二年上半年分配,这里是出于训练的需要。

(39) 2015年末出资150万元组建南湖机械有限责任公司。拥有其40%股份,长期股权投资采用权益法核算。2016年南湖公司盈利40万元;2017年分配股利25万元,12月10日,光谷公司实际分得现金股利10万元。不考虑股利分配与支付的时间差。股利符合税法的免税规定。上一年的股利一般在第二年上半年分配,这里是出于训练的需要。

(40) 12月10日,以每股8元的价格取得三峡公司普通股10万股,另支付相关交易费用0.1万元,指定为以公允价值计量且其变动计入其他综合收益的金融资产。

(41) 12月11日,报销物业费618元,补足备用金定额,取得增值税普通发票。

(42) 12月11日,报销通信费19 364元,补足备用金定额,取得增值税普通发票。

(43) 12月11日,摊销无形资产(土地使用权)8 000元。土地使用权,是指国家准许某企业在一定期间内对国有土地享有开发、利用、经营的权利。土地使用权用于自行开发建造厂房等地上建筑物时,其账面价值不与地上建筑物合并计算成本,仍作为无形资产进行核算,土地使用权与地上建筑物分别进行摊销和提取折旧。

(44) 12月11日,经批准,二车间一台机器设备出售,原值20万元,累计折旧7.68万元,含税价款12.051万元当日送存银行,结转固定资产清理的净损失2.02万元。光谷公司固定资产取得时已经抵扣进项税额。税法规定:一般纳税人销售自己使用过的固定资产,以前未抵扣进项税额的,按照3%征收率减按2%征收增值税,不得开具增值税专用发票。已经抵扣进项税额的,按照适用税率征收增值税。

(45) 12月11日,支付办公楼修缮费12 895.60元,取得增值税普通发票,使用支票结算。会计准则规定,不满足固定资产准则规定确认条件的固定资产后续支出,应当在发生时计入当期损益。

(46) 12月12日,报销业务宣传费8 240元,开出现金支票,补足备用金定额,取得增值税普通发票。企业发生的符合条件的广告费和业务宣传费支出,除国务院财政、税务主管部门另有规定外,不超过当年销售(营业)收入15%的部分,准予扣除;超过部分,准予在以后纳税年度结转扣除。

(47) 12月12日,管理部门报销业务招待费11 465元,取得增值税普通发票,开出现金支票,补足备用金定额。企业发生的与生产经营活动有关的业务招待费,按照发生额的60%扣除,但最高不得超过当年销售(营业)收入的5‰。招待客户发生餐费支出明细科目为"招待费";员工的午餐支出明细科目为"福利费";员工的误餐支出明细科目不计入"招待费"、"福利费";员工出差中的伙食支出(或补贴),伙食支出为限额实报实销的明细科目为"差旅费",执行出差伙食定额补贴的明细科目为"差旅费"或"补贴";与企业经营无关的餐费支出,企业不得报销。招待客户发生餐费支出和员工的午餐支出,为限额税前扣除项目。员工的误餐支出,为正常的经营支出,全额税前扣除。

(48) 12月13日,销售人员报销差旅费2 000元,业务招待费4 408元,开出现金支票,补足备用金定额。业务招待费可以在"管理费用"或者"销售费用"设置二级科目"业务招待费"核算。这样便于单独考核部门业绩,只是纳税调整的时候需要合并考虑。一般来讲,外购礼品用于赠送的,应作为业务招待费,但如果礼品是纳税人自行生产或经过委托加工,对企业的形象、产品有标记及宣传作用的,也可作为业务宣传费。税法规定,企业应将业务招待费与会议费严格区分,不得将业务招待费计入会议费。在业务招待费用核算中要按规定的科目进行归集,如果不按规定而将属于业务招待费性质的支出隐藏在其他科目,不允许税前扣除。

(49) 12月13日,用转账支票支付广告费,价税合计2 120元,取得增值税专用发票。

(50) 12月13日,支付管理部门车辆修理费3 605元,取得增值税普通发票。采用支票结算。固定资产的后续支出包括固定资产使用过程中发生的更新改造支出、修理费用等。

(51) 以前向亿优公司销售一批丙产品,开出的增值税专用发票上注明的销售价款143 920元,增值税额24 466.40元。亿优公司在验收过程中发现商品质量不合格,要求在价格上给予5%的折让。公司已收款确认销售收入,购买方已用于申报抵扣,12月13日,光谷公司开具红字专用发票并退回货款。纳税人发生应税行为,开具增值税专用发票后,发生开票有误或者销售折让、中止、退回等情形的,应当按照国家税务总局的规定开具红字增值税专用发票;未按照规定开具红字增值税专用发票的,不得扣减销项税额或者销售额。

(52) 12月13日,公司房屋和地价原值3 780(3 300+480)万元,税法减除的比例30%,计算本月应交的房产税26 460元;公司占地面积4 800平方米,属于六级地段,每平方米年税额2元,计算本月土地使用税800元;管理部门2辆微型车,每辆年税额300元,销售部门2辆中型车,每辆年税额480元,计算本年车船税1 560元,合计28 820元。实训中房产税、土地使用税每月缴纳一次,车船税按年征收,一次缴纳。企业建造房屋占用耕地时按规定交纳的耕地占用税,企业购置应税车辆时按规定交纳的车辆购置税,企业取得土地使用权、房屋按规定交纳的契税,借记在建工程、固定资产、无形资产等科目,贷记银行存款科目。

(53) 12月13日,申报并缴纳本月房产税26 460元、本月土地使用税800元、本年车船税1 560元,合计28 820元。房产税和土地使用税按年征收,分期缴纳,纳税期限由省、自治区、直辖市人民政府规定。车船税按年申报,分月计算,一次性缴纳,缴纳方式有两种:一种是纳税人自行向主管税务机关申报缴纳车船税;另一种是纳税人在办理机动车交通事故责任强制保险时由保险机构代收代缴车船税。

(54) 12月13日,上月销项税额100万元,进项税额60万元,无进项税额转出,根据企业、银行和税务机关签订的三方协议,申报并缴纳上月增值税40万元。地方税由地方税务部门(地税)负责征管,中央税、共享税由国家税务局(国税)负责征管。

(55) 12月13日,根据企业、银行和税务机关签订的三方协议,申报并缴纳上月城建税28 000元、教育费附加12 000元、地方教育附加8 000元、堤防维护费8 000元。堤防维护费是河道管理机关对河道(堤防)保护范围内的受益单位依法征收的一种河道管理经费。对缴纳消费税、增值税的生产经营者,按其缴纳的流转税总额的2%征收。堤防维护费由各级地税机关随税代收,使用《河道堤防工程修建维护费专用收据》。

(56) 12月13日,上月实际利润额(等于利润总额)72万元,申报并预缴上月企业所得税18万元。无论盈利或者亏损,企业都应当自月份或者季度终了之日起十五日内,向税务机关报送预缴企业所得税纳税申报表,预缴税款。实际利润额＝利润总额＋特定业务计算的应纳税所得额－不征税收入、免税收入、减计收入和所得减免－固定资产加速折旧(扣除)调减额－弥补以前年度亏损。

(57) 12月16日,采用直线法计提固定资产折旧245 600元,折旧年限符合税法规定。税法对固定资产折旧年限和折旧方法有限制,如果固定资产折旧年限、折旧方法与税法不一致则需要纳税调整。本月应提折旧额＝上月应提折旧额＋上月增加的固定资产应提折旧额－上月减少的固定资产应提折旧额。

(58) 12月17日,签发转账支票支付会计师事务所审计费用,价税合计19 080元,取得增值税专用发票。审计报告是注册会计师对财务报表合法性和公允性发表审计意见的书面文书。审计报告一般在第二年上半年报出,这里是出于训练的需要。

(59) 12月17日,支付汽油费4 797元,取得增值税普通发票。签发支票,补足备用金定额。

(60) 12月18日,财产清查,盘亏现金200元。库存现金的清查应采用实地盘点法,确定库存现金的实存数,再与现金日记账的账面余额进行核对,以查明盈亏情况。库存现金的盘点,应由清查人员会同现金出纳人员共同负责。

(61) 12月18日,财产清查,丁产品盘亏损失1件,系管理不善导致被盗,实际成本1 728元,外购部分比例为75%。非正常损失的在产品、产成品所耗用的购进货物(不包括固定资产)、加工修理修配劳务和交通运输服务,不得抵扣进项税。非正常损失,是指因管理不善造成货物被盗、丢失、霉烂变质以及因违反法律法规造成货物或者不动产被依法没收、销毁、拆除的情形。

(62) 12月18日,财产清查,盘亏D材料4件,D材料单位计划成本100元。存货清查方法有实地盘点法和技术推算法两种,一般采用实地盘点法。清查时,既要从数量上核实,又要对质量进行鉴定。

(63) 12月19日,向红十字捐款10万元。企业发生的公益性捐赠支出,在年度利润总额12%以内的部分,准予在计算应纳税所得额时扣除;超过年度利润总额12%的部分,准予结转以后三年内在计算应纳税所得额时扣除。企业发生与生产经营活动无关的各种非广告性质的赞助支出在计算企业应纳税所得额时不得扣除。

(64) 12月19日,应付票据到期,用存款支付华南公司35万元货款。无息票据的到期值等于面值,带息票据的到期价值等于面值加利息。

(65) 12月20日,银行存款利息共2 000.92元,其中工行1 500.90元;建行500.02元。

银行存款账户分为基本存款账户、一般存款账户、临时存款账户和专用存款账户。存款利息属于不征收增值税的项目,不能开具增值税发票。

(66) 12月20日,工商银行收取各种手续费、工本费、维护费、服务费合计2700元。纳税人接受贷款服务向贷款方支付的与该笔贷款直接相关的投融资顾问费、手续费、咨询费等费用,其进项税额不得从销项税额中抵扣。不是直接相关投融资顾问费、手续费,取得增值税专用发票能够抵扣。扣税凭证不符合规定的,不得从销项税额中抵扣。

(67) 12月20日,销售丙产品400件,单价3400元,开出专用发票,价税合计159.12万元通过网银收到。企业产品完工陆续入库,当前库存能满足销售需要。

(68) 12月20日,委托蓝天进出口公司进口设备,预付货款38万元。进口关税是进口国海关对从外国进入本国的货物和物品征收的一种关税。凡进口增值税、消费税的应税产品,除国家另有规定外,均应征收进口环节增值税和消费税。

(69) 2017年1月2日,支付价款48.05万元(含交易费用0.05万元)从活跃市场购入于2017年1月1日发行的5年期国债,面值55万元,票面利率3%,按年支付利息,每年1月5日支付利息,最后一年年末兑付本金及最后一期利息,实际利率为6%,分类为以摊余成本计量的金融资产,采用实际利率法摊销。12月20日计提本年利息。税法规定,债权投资的利息收入按会计口径(实际利率法)计算所得税。金融商品持有期间(含到期)利息(保本收益、报酬、资金占用费、补偿金等)收入按照贷款服务缴纳增值税。金融商品持有期间(含到期)取得的非保本收益,不属于利息或利息性质的收入,不征收增值税。国债利息收入免征增值税。企业取得的国债利息收入,免征企业所得税,但转让国债取得的收益要按财产转让所得征收企业所得税。

(70) 12月20日,盘亏现金200元,无法查明原因,经批准后作管理费用处理。

(71) 12月20日,年末从建设银行南湖支行取得借款500万元,期限三年,年利率7.5%,每年年末支付利息。贷款是银行或其他金融机构按一定利率和必须归还等条件出借货币资金的一种信用活动形式。

(72) 12月20日,支付仓库的工程款200万元,取得增值税普通发票(不能抵扣),仓库系2017年9月1日开工。

(73) 12月20日,归还短期借款,本金100万元,利息3万元。该笔借款系2017年6月20日取得,年利率6%,期限半年,到期一次还本付息,按月计提利息,前期已经计提2.5万元。纳税人购进的贷款服务利息所含的增值税额不能抵扣,不需要开具专用发票。

(74) 12月20日,内审人员检查中发现本年管理部门少提折旧2400元。系2017年6月购买设备,价款2.5万元,净残值率4%,使用年限5年。会计核算软件,不存在划线更正法。

(75) 2017年12月20日,应收西北公司的一笔货款100万元到期,由于西北公司发生财务困难,该笔货款预计短期内无法收回。当日就该债权与西北公司进行协商,减免20万元债务,其余部分立即以现金偿还。公司已为该项债权计提坏账准备1万元。上述坏账损失向税务机关申报后可以扣除。该债务重组不符合特殊性税务处理条件,债权人应当按照收到的债务清偿额低于债权计税基础的差额,确认债务重组损失。该笔业务需要纳税调整1万元。

(76) 12月20日,进口机器设备我国口岸CIF价格为USD 40 000,进口关税税率为20%,当日的外汇牌价为USD 1=RMB 6.5,代理手续费按货价2%收取,取得增值税普通发票,设备已运达,余款退回,交付二车间使用。海关进口专用缴款书上是双抬头。进口单证包括:进口合同;信用证;商业发票;装箱单;商品检验证;提单;进口货物报关单;进口许可证。

(77) 12月20日,交纳本月经济合同的印花税。购销合同印花税税率0.3‰,计税金额600万元,借款合同印花税税率0.05‰,计税金额500万元。假定本公司印花税实行"三自"的纳税办法,印花税不通过应交税费核算。如果印花税采用申报纳税,可以通过应交税费核算。申报纳税含纳税人自行申报和税务机关核定征收两种。

(78) 12月20日,产品盘亏,经批准结转损失。财产清查结果及处理建议报送股东大会或董事会或经理(厂长)会议或类似机构批准后,根据上述机构审批的意见,应进行差异处理,调整账项。企业发生的资产损失,应按规定的程序和要求向主管税务机关申报后方能在税前扣除。未经申报的损失,不得在税前扣除。

(79) 12月20日,按实际进餐人数和实际天数,每人每餐10元的标准,支付本月职工食堂中餐补贴4万元。职工福利费是指企业为职工提供的除职工工资、奖金、津贴、纳入工资总额管理的补贴、职工教育经费、社会保险费和补充养老保险费(年金)、补充医疗保险费及住房公积金以外的福利待遇支出,包括发放给职工或为职工支付的各项现金补贴和非货币性集体福利。税法规定,企业发生的职工福利费支出,不超过工资、薪金总额14%的部分,准予扣除。

(80) 12月20日,支付本月职工上下班的班车租赁费5 000元,取得增值税普通发票,按职工福利开支处理。购进的贷款服务、餐饮服务、居民日常服务和娱乐服务,用于集体福利或者个人消费的购进货物、加工修理修配劳务、服务、无形资产和不动产,进项税额不得从销项税额中抵扣。

(81) 12月23日,列支本期实际发生的职工福利费45 000元。企业发生的职工福利费,应当在实际发生时根据实际发生额计入当期损益或相关资产成本。

(82) 12月23日,支付本月电费,价税合计351 000元,本月用电500 000度,每度电不含税价0.6元,取得增值税专用发票。如果本月电费下月支付则需要通过应付账款科目核算。

(83) 12月23日,支付本月水费,价税合计10 300元,本月用水4 000吨,每吨不含税价2.5元,取得税务局代开发票。代开发票应填写《代开增值税专用发票缴纳税款申报单》。如果本月水费下月支付则需要通过应付账款科目核算。

(84) 12月24日,本月用水4 000吨,污水处理费每吨0.8元,使用转账支票支付3 200元。污水处理费一般由自来水公司代收。实训单独把污水处理费用计入"管理费用",也可以作为用水费用支出,分配记入相关成本费用科目。目前水费一般包括自来水费、水资源费和污水处理费三项。自来水费作为供水企业收入,用于企业生产经营;水资源费是行政事业性收费,用于供水设施建设;污水处理费是国家规定征收的费用,主要用于污水处理设施建设。直接向环境排放应税污染物的企业事业单位和其他生产经营者应当缴纳环境保护税。

(85) 12月25日,销售给大发公司丁产品1 000件,单价2 340元,代垫运输费5 000元,办妥托收手续,货款尚未收到,开出增值税专用发票。企业产品完工陆续入库,当前库存能满足销售需要。

(86) 12月27日,销售丙产品800件,单价3 400元,开出增值税专用发票,采用商业汇票结算。

(87) 12月28日,经股东会批准,按照出资比例分配上一年股利300万元并通过网银支付。M公司和N公司各持光谷公司50%股份。上一年的股利一般在第二年上半年分配,这里是出于训练的需要。符合条件的居民企业之间的股息、红利等权益性投资收益为免税收入。个人取得的利息、股息、红利所得应交纳个人所得税。

(88) 12月30日，企业采用应收账款余额百分比法计提坏账准备，企业坏账损失率为1‰，公司账簿资料显示，年初应收账款1 000万元，年初坏账准备10万元，本年发生坏账1万元，年末应收账款1 500万元，年末计提坏账准备6万元，确认递延所得税资产1.25万元。税法规定，未经核定的准备金不得税前扣除，坏账损失在实际发生时扣除。

(89) 12月30日，根据职工提供服务的受益对象，分配本月工资费用62.50万元。公司员工每月工资不一定相等。

(90) 12月30日，计提职工全年一次性奖金26.64万元。年终奖是每年度末企业给予员工的奖励，是对一年来的工作业绩的肯定。考虑到发放当月计提当月费用太高，可以每月计提奖金，到实际发放当月再补足或冲销。年终奖和月工资统筹安排可以进行税务筹划。

(91) 12月30日，代扣奖金的个人所得税3 232.8元，实际发放职工年终奖263 167.2元。年终奖一般在元旦之后春节放假前发放。这里是出于训练的需要。纳税人取得全年一次性奖金，单独作为一个月工资薪金所得计算纳税，由扣缴义务人发放时代扣代缴。在一个纳税年度内，对每一个纳税人，年终奖计税办法只允许采用一次。2022年起奖金并入综合所得计算个税。

(92) 12月30日，按工资总额(含全年一次性奖金)的2%计提工会经费17 828元，按工资总额的2.5%(从2018年改为8%)计提职工教育经费22 285元。工会经费、职工教育经费的计提依据为工资总额。计提就是计算和提取，有时指预先计入某些已经发生但未实际支付的费用。

(93) 12月30日，缴费基数42.8万元，企业按30%提取养老保险、医疗保险、失业保险、工伤保险、生育保险合计128 400元，企业按7%提取住房公积金29 960元。

(94) 12月30日，缴纳本月工会经费17 828元，其中40%由税务局代收，60%上交单位工会。单位设立工会账户，单独核算，专款专用。企业拨缴的工会经费，不超过工资薪金总额2%的部分，准予扣除。工会经费超支产生永久性差异。

(95) 12月30日，报销本月职工培训费用22 285元，取得增值税普通发票。企业发生的职工教育费支出，不超过工资薪金总额2.5%的部分，准予扣除；超过部分，准予在以后纳税年度结转扣除。按税法规定计提数大于实际发生数，差额部分在汇算清缴时，调增应纳税所得额；按税法规定计提数小于实际发生数，差额部分在以后年度结转扣除。职工教育费超支产生可抵扣暂时性差异，可确认递延所得税资产。实训设计发生数等于计提数。

(96) 12月31日，公司拥有南湖机械有限责任公司40%股份，采用权益法核算，2017年南湖公司盈利30万元(不需调整)。企业不打算出售长期股权投资，权益法下形成的应纳税暂时性差异不确认递延所得税负债。公司拥有东湖机械有限责任公司80%股份，采用成本法核算，2017年东湖公司盈利80万元。实务中被投资单位报告年度的净损益在下一年1—2月份才能核算出来，到二月底或三月初才向投资企业报送。

(97) 12月31日，根据账簿资料，计算原材料的材料成本差异率，结转发出材料负担的材料成本差异。

(98) 12月31日，根据账簿资料，计算周转材料的材料成本差异率，结转发出周转材料负担的材料成本差异。

(99) 12月31日，盘亏D材料系计量差错导致的，经批准后作管理费用处理。

(100) 12月31日,汇总一车间制造费用并按工资比例分配。制造费用包括物料消耗、车间管理人员的薪酬,车间管理用房屋和设备的折旧费、租赁费和保险费,管理用具摊销,车间管理用的照明费、水费、取暖费、劳动保护费、设计制图费、试验检验费、办公费以及季节性和修理期间的停工损失等。制造费用属于应计入产品成本但不专设成本项目的各项成本,通常采用工时比例法(或工资比例法)分配。

(101) 12月31日,汇总二车间制造费用并按工资比例分配。如果有辅助生产车间,应先分配辅助生产费用,再分配基本生产车间的制造费用。辅助生产费用,是指企业所属辅助生产部门为生产提供工业性产品和劳务所发生的各种辅助生产费用。辅助生产车间发生的制造费用,可以直接在"辅助生产成本"科目的借方归集;也可以通过"制造费用"科目进行,月末再结转到"辅助生产成本"科目的借方。辅助生产费用的分配通常采用的方法有直接分配法、交互分配法、代数分配法、顺序分配法、计划成本法等。

(102) 12月31日,一车间完工甲半成品800件,直接转入二车间继续加工丙产品,采用逐步综合结转分步法,材料系一次性投入,在产品完工率50%。如果月末既有完工产品又有在产品,生产成本明细账中归集的月初在产品成本与本月发生的生产费用之和,则应当在完工产品和月末在产品之间进行分配,以计算完工产品和月末在产品的成本。常用的分配方法有:不计算在产品成本法、在产品成本按年初数固定计算法、在产品成本按其所耗用的原材料费用计算法、约当产量法、在产品成本按定额成本计算法、定额比例法。

(103) 12月31日,一车间完工乙半成品1 200件,直接转入二车间继续加工丁产品,采用逐步综合结转分步法,材料系一次性投入,在产品完工率50%。逐步综合结转分步法,是指各生产步骤耗用上一步骤的半成品成本,以其综合成本记入下一步骤成本计算单中的"直接材料"项目,或是设立"半成品"项目。实训不考虑成本还原。

(104) 12月31日,二车间丙产品本月完工入库1 000件,计算丙产品成本。材料一次性投入,在产品完工率50%。

(105) 12月31日,二车间丁产品本月完工入库1 000件,计算丁产品成本。材料一次性投入,在产品完工率50%。

(106) 12月31日,汇总产品出库单,丙产品本月销售1 200件,采用先进先出法计算结转本期销售丙产品的成本。企业领用或发出存货,按照实际成本核算的,可以根据实际情况选择采用先进先出法、加权平均法、移动平均法、个别计价法等确定其实际成本。

(107) 12月31日,汇总产品出库单,丁产品盘亏损失1件,丁产品本月销售1 000件,采用先进先出法计算结转本期销售丁产品的成本。结转,指将某一账户的余额或差额转入另一账户,从而达到一定的目的。

(108) 12月31日,企业长期借款本金2 000万元,年利率7.5%,每年6月30日付息,本月计提利息12.5万元。企业发生的借款费用,可直接归属于符合资本化条件的资产的购建或者生产的,应当予以资本化,计入符合资本化条件的资产成本。其他借款费用,应当在发生时根据其发生额确认为财务费用,计入当期损益。

(109) 12月31日,在建工程完工交付使用。本期期初在建工程240万元,系仓库2017年9月1日开工并支付工程款240万元。竣工决算是整个建设工程的最终价格,是作为建设单位财务部门汇总固定资产的主要依据。

(110) 12月31日,三峡公司股票(其他权益工具投资)尚未出售,每股市价9.01元,市价总额为 90.1 万元,确认递延所得税负债。

(111) 12 月 31 日,本月进项税额已经通过网上勾选或扫描认证,公司增值税纳税期限为一个月,根据账簿资料,月末转出未交增值税。企业交纳消费税、资源税、土地增值税通过"税金及附加"核算。与最终确认资产处置损益相关的税费,通过"固定资产清理""无形资产"等科目核算。

(112) 12 月 31 日,计算本月应缴的城建税 39 963 元、教育费附加 17 127 元、地方教育附加 11 418 元、堤防维护费 11 418 元。城建税、教育费附加、地方教育附加、堤防维护费的计提比例分别为 7%、3%、2%、2%。月末编制银行存款余额调节表,一个银行账号编制一张,一般在结账前编制。

(113) 12 月 31 日,结转各项收入、利得。本年利润结转通常有两种方法。账结法,每个会计期间期末将损益类科目净发生额结转到本年利润科目,损益类科目月末不留余额。利润表上本年利润科目填列的是该科目实际余额。表结法,在 1—11 月份,各损益类科目的余额在账务处理上暂不结转至本年利润,而是在损益表中按收入、支出结出净利润,然后将净利润在资产负债表中的未分配利润中列示。到 12 月份年终结算时,再将各损益类科目的余额结转至本年利润,结转后各损益类科目的余额为 0。实训采用账结法。

(114) 12 月 31 日,结转各项费用、损失。损益类科目包括收入、费用、直接计入当期利润的利得或损失。

(115) 12 月 31 日,按本月实际利润额(116-42.883=73.117 万元)计提应预交所得税 182 792.5 元。纳税人 12 月份或者第四季度的企业所得税预缴纳税申报,应在纳税年度终了后 15 日内完成,预缴申报后进行当年(所属年度)企业所得税汇算清缴。预缴时借记应交税费科目,贷记银行存款科目。

(116) 12 月 31 日,计提年终汇算清缴时应补缴的企业所得税。纳税人应当自纳税年度终了之日起 5 个月内,进行汇算清缴,结清应缴应退企业所得税税款。公司全年实现销售收入 44 902 804 元,全年招待费实际开支 384 514.02 元,全年超支 16 万元,纳税调增 16 万元;减值准备调增 5 万元;国债利息调减 2.883 万元;权益法下投资收益调减 12 万元;成本法下投资收益调减 28 万元;广告与业务宣传费未超标;公益性捐赠未超标;三费未超标;无其他纳税调整事项。全年利润总额 791.039 万元,应交所得税=(791.039+16+5-2.883-40)×25%=192.289 万元,全年应预缴所得税 187.039 万元,年终应补缴 5.25 万元。资产负债表日后调整事项,应当视同资产负债表所属期间发生的事项一样,做出相关的账务处理。实训直接在年末处理。结账后汇算清缴应通过以前年度损益调整科目核算。将来补缴缴纳所得税时,借记应交税费科目,贷记银行存款科目。企业在报送企业所得税纳税申报表时,应当按照规定附送财务会计报告和其他有关资料。

(117) 12 月 31 日,结转所得税费用。采用资产负债表债务法,利润表中的所得税费用由两个部分组成:当期所得税和递延所得税。

(118) 光谷公司 1—11 月利润总额 675.039 万元,所得税费用 168.759 75 万元,净利润 506.279 25 万元。本月利润总额 116 万元,所得税费用 22.279 25 万元,净利润 93.720 75 万元。全年实现净利润 600 万元。按 10% 计提法定盈余公积,按 10% 计提任意盈余公积。

(119)年终结转本年利润600万元。本年利润账户的余额表示年度内累计实现的净利润或净亏损,该账户平时不结转,年终一次性地转至"利润分配—未分配利润"账户。

(120)年终结转利润分配的其他明细科目。试算平衡,是指在借贷记账法下,利用借贷发生额和期末余额(期初余额)的平衡原理,检查账户记录是否正确的一种方法。结账,是在把一定时期内发生的全部经济业务登记入账的基础上,计算并记录本期发生额和期末余额。结账划线的目的,是为了突出本月合计数及月末余额,表示本会计期的会计记录已经截止或结束,并将本期与下期的记录明显分开。

三、相关原始凭证

凭证1-1

武汉光谷机械有限责任公司借款单
2017年12月2日

填报部门	采购部门
借款事由	采购出差
今借到人民币(大写) 仟佰×拾贰万零仟零佰零拾零元零角零分	¥20 000.00
备注	
批准人 郝运	财务负责人 钱景	借款人 陈刚

凭证1-2

中国工商银行
现金支票存根
支票号码 945461
附加信息
————————
————————
出票日期
2017年12月2日
收款人:陈刚
金 额:20 000.00
用 途:出差
单位主管 孙玲 会计 李冰

本支票付款期限十天

中国工商银行 **现金支票**
支票号码 945461
出票日期(大写) 贰零壹柒年壹拾贰月零贰日 付款行名称
收款人:陈刚   出票人账号

人民币		亿	千	百	十	万	千	百	十	元	角	分
(大写)贰万元整					¥	2	0	0	0	0	0	0

用途:预支差旅费

上列款项请从
我账户内支付
出票人签章   复核   记账

凭证 2

托收凭证（收账通知）

委托日期　2017 年 12 月 3 日

业务类型	委托收款(邮汇,电汇)　托收承付(邮汇,电汇)			
付款人	全称	中南公司	收款人	全称	武汉光谷机械有限责任公司
	账号	135000078444478		账号	128333333388888
	地址	武汉友谊大道 100 号		地址	武汉市武汉大道 128 号

金额	人民币(大写)　叁佰肆拾万元整	亿	千	百	十	万	千	百	十	元	角
					¥	3	4	0	0	0	0	0	0

款项内容		托收凭据名称		附寄单证张数	2
商品发运情况				合同名称号码	

备注		上列款项已划回收入你方账户内。
复核　　记账		收款开户银行签章　2017 年 12 月 3 日

（收款人开户银行给收款人的收账通知）

凭证 3－1

中国工商银行
转账支票存根
30804230
90252031

附加信息
_____
_____

出票日期:2017 年 12 月 3 日

收款人:白云公司

金　额:1 485 315.00

用　途:货款

单位主管　孙玲　　会计　李冰

凭证 3-2

湖北增值税专用发票

NO.00335201

抵扣联   开票日期：2017 年 12 月 3 日

购买方	名　　　称：武汉光谷机械有限责任公司 纳税人识别号：420044444466666 地　址、电　话：武汉市武汉大道 128 号　027-88581678 开户行及账号：工行　128333333388888		密码区		

货物或应税劳务、服务名称	规格型号	单位	数量	单价	金额	税率	税额
A		件	650	760.00	494 000.00	17%	83 980.00
B		件	1 100	705.00	775 500.00	17%	131 835.00
合　计					1 269 500.00		215 815.00
价税合计(大写)	壹佰肆拾捌万伍仟叁佰壹拾伍元整　　　(小写)¥1 485 315.00							

销售方	名　　　称：白云公司 纳税人识别号：454500000057575 地　址、电　话：南京建设大道 500 号 开户行及账号：868777700000002	备注

收款人：　　　复核：　　　开票人：　　　销售单位：(章)

第二联：抵扣联　购买方扣税凭证

凭证 3-3

湖北增值税专用发票

NO.00335201

发票联   开票日期：2017 年 12 月 3 日

购买方	名　　　称：武汉光谷机械有限责任公司 纳税人识别号：420044444466666 地　址、电　话：武汉市武汉大道 128 号　027-88581678 开户行及账号：工行　128333333388888		密码区		

货物或应税劳务、服务名称	规格型号	单位	数量	单价	金额	税率	税额
A		件	650	760.00	494 000.00	17%	83 980.00
B		件	1 100	705.00	775 500.00	17%	131 835.00
合　计					1 269 500.00		215 815.00
价税合计(大写)	壹佰肆拾捌万伍仟叁佰壹拾伍元整　　　(小写)¥1 485 315.00							

销售方	名　　　称：白云公司 纳税人识别号：454500000057575 地　址、电　话：南京建设大道 500 号 开户行及账号：868777700000002	备注

收款人：　　　复核：　　　开票人：　　　销售单位：(章)

第三联：发票联　购买方记账凭证

凭证 3-4

中国工商银行

转账支票存根

30804230

90252032

附加信息
_____
_____

出票日期 2017 年 12 月 3 日

| 收款人：蚂蚁物流 |
| 金　额：22 200.00 |
| 用　途：支付运费 |

单位主管　孙玲　　会计　李冰

凭证 3-5

湖北增值税专用发票

4200093751

抵扣联

NO.00335201

开票日期：2017 年 12 月 3 日

第二联：抵扣联　购买方扣税凭证

购买方	名　　称：武汉光谷机械有限责任公司 纳税人识别号：420044444466666 地址、电话：武汉市武汉大道 128 号　027-88581678 开户行及账号：工行　128333333388888	密码区	

货物或应税劳务、服务名称	规格型号	单位	数量	单价	金额	税率	税额
货物运输					20 000	11%	2 200
合　计					20 000		2 200

价税合计（大写）	贰万贰仟贰佰元整　　（小写）¥22 200.00

销售方	名　　称：蚂蚁物流 纳税人识别号：454500000057575 地址、电话：南京大道 500 号 开户行及账号：868777700000002	备注	

收款人：　　　复核：　　　开票人：　　　销售方：(章)

凭证 3-6

采购合同

甲方:武汉光谷机械有限责任公司　　　　乙方:白云公司

根据《中华人民共和国合同法》及有关法律、法规规定,甲、乙双方本着平等、自愿、公平、互惠互利和诚实守信的原则,就产品供销的有关事宜协商一致订立本合同,以便共同遵守。

一、合同价款及付款方式:

本合同签订后,在乙方将产品及时送至甲方指定的地点并经甲方验收后,甲方一次性将款项付给乙方,不得拖延。

二、产品质量:

1. 乙方保证所提供的产品货真价实,来源合法,无任何法律纠纷和质量问题,如果乙方所提供产品与第三方出现了纠纷,由此引起的一切法律后果均由乙方承担。

2. 如果甲方在使用上述产品过程中,出现产品质量问题,乙方负责调换,若不能调换,予以退还。

三、违约责任

1. 甲乙双方均应全面履行本合同约定,一方违约给另一方造成损失的,应当承担赔偿责任。

2. 乙方未按合同约定供货的,按延迟供货的部分款,每延迟一日承担货款的万分之五违约金,延迟10日以上的,除支付违约金外,甲方有权解除合同。

3. 甲方未按照合同约定的期限结算的,应按照中国人民银行有关延期付款的规定,延迟一日,需支付结算货款的万分之五的违约金;延迟10日以上的,除支付违约金外,乙方有权解除合同。

四、其他约定事项

本合同一式两份,自双方签字之日起生效。如果出现纠纷,双方均可向有管辖权的人民法院提起诉讼。

2017年11月30日

凭证 3-7

材料运费分配计算表

材料名称	分配标准 (吨)	分配率 (元/吨)	分配金额 (元)
A 材料	40	200	8 000
B 材料	60	200	12 000
合计	100	—	20 000

凭证 3-8

湖北增值税专用发票

NO.00335201

开票日期:2017 年 12 月 3 日

购买方	名　　　称:武汉光谷机械有限责任公司 纳税人识别号:420044444466666 地址、电话:武汉市武汉大道128号　027-88581678 开户行及账号:工行　128333333388888	密码区	
货物或应税劳务、服务名称	规格型号	单位	数量	单价	金额	税率	税额
货物运输					20 000	11％	2 200
合　计					20 000		2 200
价税合计(大写)	贰万贰仟贰佰元整　　　(小写)22 200.00　(小写)¥22 200.00
销售方	名　　　称:蚂蚁物流 纳税人识别号:454500000057575 地址、电话:南京大道500号 开户行及账号:868777700000002	备注	

收款人：　　　复核：　　　开票人：　　　销售方:(章)

第三联：发票联　购买方记账凭证

凭证 4

银行本票申请书(存根)

申请日期　2017 年 12 月 3 日　　　　　　　　　　第　号

申请人	武汉光谷机械有限责任公司	收款人	武汉远大公司
账号或住址	128333333388888	账号或住址	武汉光谷大道
用途	购买材料	代理付款行	工行
汇票金额	人民币(大写) 壹佰贰拾柒万肆仟壹佰叁拾元整	千 百 十 万 千 百 十 元 角 分 ¥　　1 2 7 4 1 3 0 0 0
备注		科目：　　　对方科目： 财务主管　　复核　　　经办

此联申请人留存

凭证 5-1

湖北增值税专用发票

抵扣联

NO. 00435203
开票日期：2017 年 12 月 3 日

购货方	名　　称：武汉光谷机械有限责任公司
	纳税人识别号：420044444466666
	地址、电话：武汉市武汉大道 128 号　027-88581678
	开户行及账号：工行　128333333388888

密码区

货物或应税劳务、服务名称	规格型号	单位	数量	单价	金额	税率	税额
C		件	2 200	495.00	1 089 000.00	17%	185 130.00
合　计					1 089 000.00		185 130.00

价税合计（大写）　壹佰贰拾柒万肆仟壹佰叁拾元整　（小写）¥1 274 130.00

销售方	名　　称：武汉远大公司
	纳税人识别号：420000420000666
	地址、电话：武汉光谷大道
	开户行及账号：547845454566666

备注

收款人：　　复核：　　开票人：　　销售方：(章)

第二联；抵扣联　购买方扣税凭证

凭证 5-2

湖北增值税专用发票

发票联

NO. 00435203
开票日期：2017 年 12 月 3 日

购货方	名　　称：武汉光谷机械有限责任公司
	纳税人识别号：420044444466666
	地址、电话：武汉市武汉大道 128 号　027-88581678
	开户行及账号：工行　128333333388888

密码区

货物或应税劳务、服务名称	规格型号	单位	数量	单价	金额	税率	税额
C		件	2 200	495.00	1 089 000.00	17%	185 130.00
合　计					1 089 000.00		185 130.00

价税合计（大写）　壹佰贰拾柒万肆仟壹佰叁拾元整　（小写）¥1 274 130.00

销售方	名　　称：武汉远大公司
	纳税人识别号：420000420000666
	地址、电话：武汉光谷大道
	开户行及账号：547845454566666

备注

收款人：　　复核：　　开票人：　　销售方：(章)

第三联：发票联　购买方记账凭证

凭证 6-1

商业承兑汇票（存根）

出票日期(大写)：贰零壹柒年壹拾贰月零肆日　　　　汇票号码

付款人	全　称	武汉光谷机械有限责任公司	收款人	全　称	湖北大地公司
	账　号	128333333388888		账　号	429696969644444
	开户银行	工行东湖支行		开户银行	工行

出票金额	人民币(大写)壹拾万零壹仟肆佰叁拾玖元整	千	百	十	万	千	百	十	元	角	分
			¥	1	0	1	4	3	9	0	0

汇票到期日（大写）	贰零壹捌年零叁月零肆日	付款人开户行	行号	工行
交易合同号码			地址	
出票人签章			备注	

凭证 6-2

湖北增值税专用发票

NO. 00535801

开票日期：2017 年 12 月 4 日

第二联　抵扣联　购买方扣税凭证

购买方	名　称：武汉光谷机械有限责任公司 纳税人识别号：420044444466666 地址、电话：武汉市武汉大道128号　027-88581678 开户行及账号：工行　128333333388888	密码区	

货物或应税劳务、服务名称	规格型号	单位	数量	单价	金额	税率	税额
D		件	850	102.00	86 700.00	17%	14 739.00
合　计					86 700.00		14 739.00

价税合计(大写)	壹拾万零壹仟肆佰叁拾玖元整　　(小写)¥101 439.00

销售方	名　称：湖北大地公司 纳税人识别号：426667878787855 地址、电话：武汉和平大道 开户行及账号：429696969644444	备注

收款人：　　　复核：　　　开票人：　　　销售方：(章)

凭证 6-3

湖北增值税专用发票

NO.00535801

开票日期:2017 年 12 月 4 日

购买方	名　　　　称:武汉光谷机械有限责任公司 纳税人识别号:420044444466666 地址、电话:武汉市武汉大道 128 号　027-88581678 开户行及账号:工行　128333333388888	密码区	
货物或应税劳务、服务名称	规格型号	单位	数量	单价	金额	税率	税额
D		件	850	102.00	86 700.00	17％	14 739.00
合　计					86 700.00		14 739.00
价税合计(大写)	壹拾万零壹仟肆佰叁拾玖元整　　　(小写)￥101 439.00		
销售方	名　　　　称:湖北大地公司 纳税人识别号:426667878787855 地址、电话:武汉和平大道 开户行及账号:429696969644444	备注	

收款人:　　　复核:　　　开票人:　　　销售方:(章)

凭证 7-1

中国工商银行

转账支票存根

30804230
90252033

附加信息

出票日期:2017 年 12 月 4 日

收款人:长江科技
金　额:9 270.00
用　途:展览费

单位主管　孙玲　　会计　李冰

凭证 7-2

湖北增值税普通发票

4200093320

发票联

NO. 11335201

机器编号　823345671012　　　　　开票日期　2017 年 12 月 4 日

购买方	名　　　称：武汉光谷机械有限责任公司 纳税人识别号：420044444466666 地址、电话：武汉市武汉大道 128 号　027-88581678 开户行及账号：工行　128333333388888	密码区		
货物或应税劳务、服务名称	规格型号	单位	数量	单价	金额	税率	税额

货物或应税劳务、服务名称	规格型号	单位	数量	单价	金额	税率	税额
展览服务费					9 000.00	3%	270.00
合　计					9 000.00		270.00

价税合计（大写）　玖仟贰佰柒拾元整　　（小写）9 270.00

销售方	名　　　称：长江科技 纳税人识别号：454500000057506 地址、电话：建设大道 400 号 开户行及账号：8687777700000045	备注	校验码 45123 45784 56453 64789

收款人：　　　复核：　　　开票人：　　　销售方：(章)

第二联：发票联　购买方记账凭证

凭证 8（要求自制）

材料验收入库单

验收日期：2017 年 12 月 5 日　　　　　　　　　　　　　　　　元

品名	规格	单位	数量		实际成本				计划成本	
			应收	实收	单价	总价	运杂费	合计	单价	总价
A		件								
B		件								
合计										

材料成本差异（材料）

供销主管：　　　验收保管：　　　采购：　　　制单：张涵

凭证 9（要求自制）

材料验收入库单

验收日期：2017 年 12 月 5 日　　　　　　　　　　　　　　　　　　　　　元

品名	规格	单位	数量		实际成本				计划成本	
			应收	实收	单价	总价	运杂费	合计	单价	总价
C		件								
D		件								
合计										
材料成本差异（材料）										

供销主管：　　　　　验收保管：　　　　　采购：　　　　　制单：张涵

凭证 10-1

湖北增值税专用发票

NO. 00635202

开票日期：2017 年 12 月 6 日

购买方	名　　称：武汉光谷机械有限责任公司 纳税人识别号：420044444466666 地址、电话：武汉市武汉大道 128 号　027-88581678 开户行及账号：工行　128333333388888	密码区	

货物或应税劳务、服务名称	规格型号	单位	数量	单价	金额	税率	税额
E		个	50	38.00	1 900.00	17%	323.00
合　计					1 900.00		323.00
价税合计（大写）	贰仟贰佰贰拾叁元整　　（小写）¥2 223.00							

销售方	名　　称：湖北天宇公司 纳税人识别号：423434343535366 地址、电话：武汉中山大道 开户行及账号：工行　585960232323233	备注	

收款人：　　　　复核：　　　　开票人：　　　　销售方：(章)

第二联：抵扣联　购买方扣税凭证

凭证 10-2

湖北增值税专用发票

NO. 00635202

开票日期:2017 年 12 月 6 日

购买方	名　　称:武汉光谷机械有限责任公司 纳税人识别号:420044444466666 地址、电话:武汉市武汉大道 128 号　027-88581678 开户行及账号:工行　128333333388888	密码区	

货物或应税劳务、服务名称	规格型号	单位	数量	单价	金额	税率	税额
E		个	50	38.00	1 900.00	17%	323.00
合　计					1 900.00		323.00

价税合计(大写)	贰仟贰佰贰拾叁元整　　(小写)¥2 223.00

销售方	名　　称:湖北天宇公司 纳税人识别号:423434343535366 地址、电话:武汉中山大道 开户行及账号:工行　585960232323233	备注	

收款人:　　复核:　　开票人:　　销售方:(章)

凭证 10-3(要求自制)

中国工商银行
转账支票存根
30804230
90252034

附加信息
_____
_____

出票日期:　　年　　月　　日

收款人:
金　额:
用　途:

单位主管　　会计

凭证 11－1

湖北增值税普通发票
发票联

发票代码　142011161038
发票号码　06825847
机打号码　　　　　　　　　机器编号
销售方名称：方便维修公司

纳税人识别号　420044444456782
开　票　日　期　2017 年 12 月 6 日　　　收款员：刘倩
购买方名称　武汉光谷机械有限责任公司

纳税人识别号　420044444466666

项目	单价	数量	金额
修理费			412.00

合计金额(小写)：￥412.00
合计金额(大写)：肆佰壹拾贰元整
校验码　　　45123 45784 56453 64234

凭证 11－2

中国工商银行
转账支票存根
30804230
90252035

附加信息
_____
_____

出票日期：2017 年 12 月 6 日

收款人：方便维修
金　额：412.00
用　途：修理费

单位主管　孙玲　　会计　李冰

凭证 12(要求自制)

材料验收入库单

验收日期:2017 年 12 月 9 日　　　　　　　　　　　　　　　　　　　　　　元

品名	规格	单位	数量		实际成本				计划成本	
			应收	实收	单价	总价	运杂费	合计	单价	总价
E		个								
合计										
材料成本差异(材料)										

供销主管：　　　　　验收保管：　　　　　采购：　　　　　制单:张涵

凭证 13－1

中国工商银行

转账支票存根

30804230
90252036

附加信息
_____
_____

出票日期:2017 年 12 月 9 日

收款人:武商量贩连锁有限公司

金　额:16 380.00

用　途:货款

单位主管　孙玲　　会计　李冰

凭证 13－2

湖北增值税普通发票
发票联

发票代码　142011169638
发票号码　06825732
机打号码　　　　　　机器编号
销售方名称:武商量贩连锁有限公司

纳税人识别号　454500000057478
开票日期　2017年12月9日　　　收款员:刘梅
购买方名称　武汉光谷机械有限责任公司

纳税人识别号　420044444466666

项目	单价	数量	金额
劳保用品	117	140	16 380.00

合计金额(小写):￥16 380.00
合计金额(大写):壹万陆仟叁佰捌拾元整
校验码　　　45123 45784 56453 64336

凭证 14－1

湖北增值税专用发票
4200013658
抵扣联

NO.00835201
开票日期:2017年12月9日

购买方	名　　称:武汉光谷机械有限责任公司 纳税人识别号:420044444466666 地址、电话:武汉市武汉大道128号　027－88581678 开户行及账号:工行　128333333388888	密码区	

货物或应税劳务、服务名称	规格型号	单位	数量	单价	金额	税率	税额
包装箱		个	2 000	31.00	62 000.00	17％	10 540.00
合　计					62 000.00		10 540.00

价税合计(大写)　柒万贰仟伍佰肆拾元整　　(小写)￥72 540.00

销售方	名　　称:南海公司 纳税人识别号:425555666121212 地址、电话:武汉解放大道 开户行及账号:工行　754642000000400	备注	

收款人:　　　　复核:　　　　开票人:　　　　销售方:(章)

第二联:抵扣联　购买方扣税凭证

凭证 14-2

湖北增值税专用发票

NO.00835201

开票日期:2017 年 12 月 9 日

购买方	名　　　称:武汉光谷机械有限责任公司 纳税人识别号:420044444466666 地　址、电话:武汉市武汉大道128号　027-88581678 开户行及账号:工行　128333333388888	密码区	

货物或应税劳务、服务名称	规格型号	单位	数量	单价	金额	税率	税额
包装箱		个	2 000	31.00	62 000.00	17%	10 540.00
合　计					62 000.00		10 540.00

价税合计(大写)	柒万贰仟伍佰肆拾元整　　　(小写)¥72 540.00

销售方	名　　　称:南海公司 纳税人识别号:425555666121212 地　址、电话:武汉解放大道 开户行及账号:工行　754642000000400	备注	

收款人:　　　复核:　　　开票人:　　　销售方:(章)

第三联：发票联　购买方记账凭证

凭证 15-1

中国工商银行

转账支票存根

30804230
90252037

附加信息

出票日期:2017 年 12 月 9 日

收款人:武汉远方
金　额:3 540.00
用　途:货款

单位主管　孙玲　　会计　李冰

凭证 15-2

湖北增值税普通发票
发票联

发 票 代 码　142011161070
发 票 号 码　06825426
机 打 号 码　　　　　　　　　机器编号
销售方名称:武汉远方五金连锁公司

纳税人识别号　420044444456118

开 票 日 期　2017 年 12 月 9 日　　　收款员:刘莉
购买方名称　武汉光谷机械有限责任公司

纳税人识别号　420044444466666

项目	单价	数量	金额
工具	59	60	3 540.00

合计金额(小写):￥3 540.00
合计金额(大写):叁仟伍佰肆拾元整
校验码　　　45123 45784 56453 33444

凭证 16(要求自制)

材料验收入库单

验收日期:2017 年 12 月 9 日　　　　　　　　　　　　　　元

品名	规格	单位	数量		实际成本				计划成本	
			应收	实收	单价	总价	运杂费	合计	单价	总价
劳保用品										
包装箱										
工具										
合计										
材料成本差异(周转材料)										

供销主管:　　　　　验收保管:　　　　　采购:　　　　　制单:张涵

凭证 17

中国工商银行进账单

2017 年 12 月 9 日　　　　　　　　　　　　　　　　　　第　号

出票人	全　称	北方公司		持票人	全　称	武汉光谷机械有限责任公司
	账　号				账　号	128333333388888
	开户银行	工商银行			开户银行	工商银行东湖支行

人民币(大写)　伍拾壹万伍仟元整	千	百	十	万	千	百	十	元	角	分
	￥	5	1	5	0	0	0	0	0	0

票据种类　商业汇票

票据张数

单位主管　会计　复核　记账　　　　　　　　　　收款单位开户行盖章

开户行给持票人的收账通知

凭证 18（要求自制）

中国工商银行
现金支票存根
支票号码 945462
附加信息
_____
_____

出票日期　　年　月　日
收款人：
金　额：
用　途：
单位主管　　会计

本支票付款期限十天

中国工商银行 **现金支票**　　　　　　　　　支票号码 945462

出票日期(大写)　　年　月　日　　付款行名称
收款人：　　　　　　　　　　　　　　出票人账号

人民币（大写）	亿	千	百	十	万	千	百	十	元	角	分

用途：_____

上列款项请从

我账户内支付

给出票人签章　　　　　　　　　　　　　　　复核　　　记账

凭证 19－1

武汉光谷机械有限责任公司
差旅费报销单

2017 年 12 月 10 日

姓名:陈刚					出差事由:商谈采购事项								
起止时间及地址					车船费	通宵乘车	在途补助		住勤补助		住宿费	其他	
月	日	起点	月	日	终点	金额	金额	天数	金额	天数	金额	金额	摘要	金额
12	3	武昌	12	6	南京									
12	6	南京	12	9	武昌									
		小计												
合计大写:贰万叁仟元整									预支 20 000　　核销 23 000　　退补 3 000					

负责人:钱景　　　出差人:陈刚　　　附单据共 10 张

凭证 19－2

武汉光谷机械有限责任公司原始凭证粘贴单

共粘贴原始凭证 10 张　　金额合计:￥23 000.00　　姓名:陈刚

凭证 20-1

2017年11月工资代扣个人所得税

单位:元

部门\项目	明细	职工人数	工资	缴费基数	个人负担社会保险11%	个人负担住房公积7%
一车间	甲生产人员	54	172 800	108 000	11 880	7 560
	乙生产人员	36	115 200	72 000	7 920	5 040
	车管人员	7	23 000	16 000	1 760	1 120
二车间	丙生产人员	33	105 600	66 000	7 260	4 620
	丁生产人员	27	86 400	54 000	5 940	3 780
	车管人员	7	23 000	16 000	1 760	1 120
管理部门		26	97 000	74 000	8 140	5 180
销售部门		10	32 000	22 000	2 420	1 540
合计		200	655 000	428 000	47 080	29 960
总经理个税	255
部门经理个税计算	18
部门主管个税计算	0
一般人员个税计算	0
工资个人所得税合计	255+18×5=345
实发工资	655 000-47 080-29 960-345=577 615 元

凭证 20-2

```
           中国工商银行
          转账支票存根
         30804230
         90252038
附加信息
_____
_____

出票日期:2017 年 12 月 10 日
收款人:全体职工
金  额:577 615.00
用  途:工资

单位主管  孙玲    会计  李冰
```

凭证 21-1

2017 年 11 月保险费和住房公积金计算表

单位:元

项目\部门	明细	职工人数	工资	缴费基数	企业负担保险 30%	企业负担公积 7%	个人负担保险 11%	个人负担公积 7%
工资标准	总经理 8 000;部门经理 5 000;主管 4 000;其他人员 3 000;生产人员 3 200							
缴费标准	总经理 5 000;部门经理 5 000;主管 3 000;其他人员 2 000;生产人员 2 000							
一车间 2 个主管 5 个一般管理人员	甲	54	172 800	108 000	32 400	7 560	11 880	7 560
	乙	36	115 200	72 000	21 600	5 040	7 920	5 040
	车管	7	23 000	16 000	4 800	1 120	1 760	1 120
二车间 2 个主管 5 个一般管理人员	丙	33	105 600	66 000	19 800	4 620	7 260	4 620
	丁	27	86 400	54 000	16 200	3 780	5 940	3 780
	车管	7	23 000	16 000	4 800	1 120	1 760	1 120
管理部门 1 总 5 经 4 主 16 一般人员		26	97 000	74 000	22 200	5 180	8 140	5 180
销售部门 2 个主管 8 个一般人员		10	32 000	22 000	6 600	1 540	2 420	1 540
合计		200	655 000	428 000	128 400	29 960	47 080	29 960

凭证 21-2

中国工商银行
转账支票存根
30804230
90252039

附加信息

出票日期:2017 年 12 月 10 日
收款人:武汉住房公积金管理中心
金　额:59 920.00
用　途:住房公积

单位主管　孙玲　　会计　李冰

凭证 21-3

武汉住房公积金汇(补)缴书

2017 年 12 月 10 日　　　　　　　　　　　　　　　　0000007

<table>
<tr><td rowspan="6">客户填写</td><td colspan="2">缴存单位</td><td colspan="2">武汉光谷机械有限责任公司</td><td colspan="2">公积金账号</td><td colspan="10">2244615</td></tr>
<tr><td colspan="2" rowspan="2">缴存金额
(大写)</td><td colspan="2" rowspan="2">伍万玖仟玖佰贰拾元整</td><td>千</td><td>百</td><td>十</td><td>万</td><td>千</td><td>百</td><td>十</td><td>元</td><td>角</td><td>分</td></tr>
<tr><td colspan="2">¥</td><td>5</td><td>9</td><td>9</td><td>2</td><td>0</td><td>0</td></tr>
<tr><td colspan="2">上月汇缴</td><td colspan="2">本月增加汇缴</td><td colspan="2">本月减少汇缴</td><td colspan="4">本月汇缴</td></tr>
<tr><td>人数</td><td>金额</td><td>人数</td><td>金额</td><td>人数</td><td>金额</td><td colspan="2">人数</td><td colspan="2">金额</td></tr>
<tr><td></td><td></td><td></td><td></td><td></td><td></td><td colspan="2">200</td><td colspan="2">59 920.00</td></tr>
<tr><td colspan="3">汇缴　2017 年 11 月</td><td colspan="3">补缴人数：　　人</td><td colspan="4">附变更清册：　　张</td></tr>
<tr><td colspan="3">补缴</td><td colspan="3">补缴金额：　　元</td><td colspan="4">附补缴清册：　　张</td></tr>
<tr><td rowspan="2">受理网点填写</td><td colspan="3">业务审核</td><td colspan="3">资金入账</td><td colspan="4"></td></tr>
<tr><td colspan="6"></td><td colspan="4">单位印鉴</td></tr>
</table>

　　　　　　　　　　　　　　　　　　　　　　　　武汉住房公积金管理中心监制

凭证 21-4

社会保险费缴费申报表

填表日期：2017 年 12 月 10 日

缴费单位(人)全称		武汉光谷机械有限责任公司		费款所属日期	2017 年 11 月 1 日至 2017 年 11 月 30 日			
费　别	项　目	缴费人数	缴费基数	缴费率	应缴金额	批准缓缴金额	已缴金额	实缴金额	欠缴金额
		1	2	3	4=2×3	5	6	7	8
基本养老保险费	单位	200	428 000	20%	85 600			85 600	
	个人	200	428 000	8%	34 240			34 240	
医疗保险费	单位	200	428 000	8%	34 240			34 240	
	个人	200	428 000	2%	8 560			8 560	
失业保险费	单位	200	428 000	1%	4 280			4 280	
	个人	200	428 000	1%	4 280			4 280	
工伤保险费		200	428 000	0.5%	2 140			2 140	
生育保险费		200	428 000	0.5%	2 140			2 140	
合　计				41%	175 480			175 480	

如缴费单位(人)填报，请填写下列各栏		如委托代理人填报，请填写下列各栏	
单位(人) (盖章)	经办人 (盖章)	代理人名称 代理人地址	代理人 (盖章)

凭证 21-5

转账日期:2017年12月10日		
纳税人全称及识别号　420044444466666		
付款人全称:武汉光谷机械有限责任公司		
付款人账号:128333333388888	征收机关名称　东湖地税	
付款人开户银行:工商银行东湖支行	收款国库(银行)名称	
小写(合计)金额:175 480.00	缴款书交易流水号	
大写(合计)金额:壹拾柒万伍仟肆佰捌拾元整	税票号码:	
税(费)种名称	所属时期	实缴金额
生育保险基金　0.5%	20171101—20171130	2 140
工伤保险基金　0.5%	20171101—20171130	2 140
失业保险基金　1%+1%=2%	20171101—20171130	8 560
基本养老保险基金　20%+8%=28%	20171101—20171130	119 840
基本医疗保险基金　8%+2%=10%	20171101—20171130	42 800

凭证 22-1(要求自制)

扣缴个人所得税报告表

税款所属期限　　　2017年11月1日至2017年11月30日
扣缴义务人名称:武汉光谷机械有限责任公司　　　扣缴义务人所属行业:一般行业

序号	姓名	身份证件类型	身份证件号码	所得项目	所得期间	收入额	免税所得	税前扣除项目								减除费用	准予扣除捐赠	应纳税所得额	税率%	速算扣除数	应纳税额	减免税额	应扣缴税额	已扣缴税额	应补退税额	备注
								养老保险	医疗保险	失业保险	住房公积	财产原值	允许扣除税费	其他	合计											
1	2	3	4	5	6	7	8	9	10	11	12	13	14	15	16	17	18	19	20	21	22	23	24	25	26	27
合计:																										

我声明:此扣缴报告表是根据国家税收法律、法规规定填报的,我确定它是真实的、可靠的、完整的。
　　　　法定代表人(负责人)签字:郝运　　　　　　　　　　　　　　2017年12月10日

扣缴义务人编码:　　　　　　　　　　　　　　　　　　　　　金额单位:人民币元

凭证 22－2

转账日期:2017 年 12 月 10 日	
纳税人全称及识别号:武汉光谷机械有限责任公司　420044444466666	
付款人全称:武汉光谷机械有限责任公司	
付款人账号:128333333388888	征收机关名称:东湖地税
付款人开户银行:工商银行东湖支行	收款国库(银行)名称
小写(合计)金额:345.00	缴款书交易流水号
大写(合计)金额:叁佰肆拾伍元整	税票号码:
税(费)种名称	所属时期　　　　　实缴金额
个人所得税	2017 年 11 月工资　　　345.00

凭证 23－1

中国工商银行
转账支票存根
30804230
90252040

附加信息
_____
_____

出票日期:2017 年 12 月 10 日

收款人:认证中心

金　额:7 210.00

用　途:认证费

单位主管　孙玲　　会计　李冰

凭证 23-2

湖北增值税普通发票

4200093470 发票联　　　　NO.11335755

机器编号　823345671221　　开票日期 2017 年 12 月 10 日

购买方	名　称：武汉光谷机械有限责任公司 纳税人识别号：420044444466666 地址、电话：武汉市武汉大道 128 号　027-88581678 开户行及账号：工行　128333333388888	密码区	

货物或应税劳务、服务名称	规格型号	单位	数量	单价	金额	税率	税额
认证服务					7 000.00	3%	210.00
合　计					7 000.00		210.00

价税合计（大写）	柒仟贰佰壹拾元整　　（小写）7 210.00

销售方	名　称：湖北质量认证中心 纳税人识别号：454500000057423 地址、电话：建设大道 420 号 开户行及账号：中行　868777700000038	备注	校验码 45123 45784 56453 30336

收款人：　　　复核：　　　开票人：　　　销售方：(章)

第二联：发票联　购买方记账凭证

凭证 24-1

上海证券中心登记结算公司

买卖类别：卖出	成交日期：2017 年 12 月 10 日
股东代码：	股东姓名：武汉光谷
资金账号：	合同号码：
证券名称：	委托时间：
成交代码：	成交金额：600 000.00
成交股数：100 000	手续费：900.00
成交价格：6.00	印花税（税率 1‰）：600.00
收付金额：598 500.00	

经办单位：　　　　　　　　　　　客户印章：

凭证 24-2

中国工商银行进账单

2017 年 12 月 10 日　　　　　　　　　　　　　　　　　　　第　号

出票人	全　称		持票人	全　称	武汉光谷机械有限责任公司
	账　号			账　号	128333333388888
	开户银行			开户银行	工商银行东湖支行

人民币(大写)伍拾玖万捌仟伍佰元整	千	百	十	万	千	百	十	元	角	分
		¥	5	9	8	5	0	0	0	0

票据种类

票据张数

单位主管　　会计　　复核　　记账　　　　　　　　收款单位开户行盖章

开户行给持票人的收账通知

凭证 25-1

中国工商银行

转账支票存根

30804230
90252041

附加信息
_____
_____
_____

出票日期　2017 年 12 月 10 日

收款人：武汉广场管理有限公司

金　额：4 576.00

用　途：办公用品

单位主管　孙玲　　会计　李冰

凭证 25-2

湖北增值税普通发票
发票联

发票代码　142011161070
发票号码　06825426
机打号码　　　　　　　　　机器编号
销售方名称：武汉远方连锁公司

纳税人识别号　420044444456220
开票日期　2017年12月10日　　　收款员：刘英
购买方名称　武汉光谷机械有限责任公司

纳税人识别号　420044444466666

项目	单价	数量	金额
办公用品	228.80	20	4 576.00

合计金额(小写)：¥4 576.00
合计金额(大写)：肆仟伍佰柒拾陆元整
校验码　　　45123 45784 56453 51544

凭证 26

托收凭证（付款通知）

委托日期　2017年12月10日

业务类型	委托收款(邮汇,电汇)	托收承付(邮汇,电汇)										
付款人	全称	武汉光谷机械有限责任公司	收款人	全称	南海公司							
	账号	128333333388888		账号	754642000000400							
	地址	武汉市武汉大道128号		地址	武汉解放大道							
金额	人民币(大写)　柒万贰仟伍佰肆拾元整				亿	千	百	十	万	千	百	十	元	角
								¥	7	2	5	4	0	0
款项内容		托收凭据名称		附寄单证张数								
商品发运情况				合同名称号码								
备注		付款人注意：										
复核　　记账		收款开户银行签章　2017年12月10日										

付款人开户银行给付款人的付款通知

凭证 27-1(要求自制)

武汉光谷公司领料单

2017年12月10日　　　　　　　　　　　　　　　　　　　　编号:01

领料部门:		一车间		仓库:		材料仓库	
材料编号	材料名称	用途	单位	数量		计划成本	
				请领	实发	单价	金额
A		生产甲	件				
B		生产乙	件				
E			个				
合计							

记账:李冰　　　　　　发料:　　　　　　领料:

凭证 27-2(要求自制)

武汉光谷公司领料单

2017年12月10日　　　　　　　　　　　　　　　　　　　　编号:02

领料部门:		二车间		仓库:		材料仓库	
材料编号	材料名称	用途	单位	数量		计划成本	
				请领	实发	单价	金额
C		生产丙	件				
C		生产丁	件				
D		生产丙	件				
E			个				
合计							

记账:李冰　　　　　　发料:　　　　　　领料:

凭证 28-1(要求自制)

武汉光谷公司领料单

2017年12月10日　　　　　　　　　　　　　　　　　　　　编号:03

领料部门:		一车间		仓库:		材料仓库	
材料编号	材料名称	用途	单位	数量		计划成本	
				请领	实发	单价	金额
劳保用品			套				
工具			个				
合计							

记账:李冰　　　　　　发料:　　　　　　领料:

凭证 28-2(要求自制)

武汉光谷公司领料单

2017 年 12 月 10 日　　　　　　　　　　　　　　　　　　　　　　　编号:04

领料部门：		二车间		仓库：		材料仓库	
材料编号	材料名称	用途	单位	数量		计划成本	
				请领	实发	单价	金额
包装箱		包装丙	个				
		包装丁	个				
劳保用品			套				
工具			个				
合计							

记账：李冰　　　　　　　　　　发料：　　　　　　　　　领料：

凭证 29-1

```
         中国工商银行
         转账支票存根
    30804230
    90252042
附加信息
_____
_____

出票日期:2017 年 12 月 10 日
收款人:武汉联想
金　额:18 720.00
用途:购置电脑

  单位主管  孙玲    会计  李冰
```

凭证 29-2

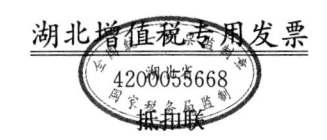

湖北增值税专用发票

NO.00235201

开票日期 2017 年 12 月 10 日

抵扣联

购买方	名　　　　称：武汉光谷机械有限责任公司 纳税人识别号：420044444466666 地址、电话：武汉市武汉大道 128 号 开户行及账号：工行　128333333388888						密码区	
货物或应税劳务、服务名称	规格型号	单位	数量	单价	金额	税率	税额
电脑		台	4	4 000	16 000.00	17%	2 720.00
合　计					16 000.00		2 720.00
价税合计（大写）	壹万捌仟柒佰贰拾元整（小写）　￥18 720.00						
销售方	名　　　　称：武汉联想 纳税人识别号：421231232525256 地址、电话：武汉　027-89868526 开户行及账号：工行　128986858585234						备注	

收款人：　　　复核：　　　开票人：　　　销售方：（章）

第二联：抵扣联　购买方扣税凭证

凭证 29-3

湖北增值税专用发票

NO.00235201

开票日期 2017 年 12 月 10 日

发票联

购买方	名　　　　称：武汉光谷机械有限责任公司 纳税人识别号：420044444466666 地址、电话：武汉市武汉大道 128 号 开户行及账号：工行　128333333388888						密码区	
货物或应税劳务、服务名称	规格型号	单位	数量	单价	金额	税率	税额
电脑		台	4	4 000	16 000.00	17%	2 720.00
合　计					16 000.00		2 720.00
价税合计（大写）	壹万捌仟柒佰贰拾元整（小写）　￥18 720.00						
销售方	名　　　　称：武汉联想 纳税人识别号：421231232525256 地址、电话：武汉　027-89868526 开户行及账号：工行　128986858585234						备注	

收款人：　　　复核：　　　开票人：　　　销售方：（章）

第三联：发票联　购买方记账凭证

凭证 29-4

固定资产移交生产验收单

保管使用部门：管理部门　　　　　　　　　　　　　　　　2017 年 12 月 10 日

固定资产编号	固定资产名称	规格型号	计量单位	数量	原值	预计使用年限	制造厂商或施工方式
	电脑		台	4	16 000.00	5 年	联想集团
固定资产管理部门意见			财会部门验收意见		使用保管验收签章		

固定资产管理部门负责人：　　　　项目负责人：　　　　　制单：张涵

凭证 30-1

中国工商银行
转账支票存根
30804230
90252043

附加信息
_____
_____

出票日期：2017 年 12 月 10 日

收款人：华中公司

金　额：46 000.00

用　途：支付货款

单位主管　孙玲　　会计　李冰

凭证 30-2

现金折扣协议书

为了双方资金周转的需要，甲乙双方经友好协商，达成以下协议：甲方同意乙方 10 天内付款，货款折扣 3%，20 天内付款，货款折扣 2%，30 天内全额付款。价税合计 46 800 元。

甲方：华中公司
乙方：武汉光谷机械有限责任公司

2017 年 11 月 20 日

凭证 31

中国工商银行 现金支票存根 N945463 附加信息	本支票付款期限十天	中国工商银行现金支票　　　　　　　　N 945463
出票日期 2017 年 12 月 10 日 收款人:刘谦 金　额:8 000.00 用　途:备用 单位主管 孙玲　会计 李冰		出票日期(大写)　贰零壹柒年壹拾贰月零壹拾日　付款行名称 付款行名称 收款人：　　　　　　　出票人账号： 人民币(大写)　亿千百十万千百十元角分 捌仟元整　　　　　　　　　　　¥8 0 0 0 0 0 用途：_备用_ 上列款项请从 我账户内支付　　　　　　　　　　　转账日期 出票人签章　　　　　　　复核　　　　记账

凭证 32

武汉光谷公司费用报销单

填报人	周琦	部门	管理部门	日期	2017 年 12 月 10 日
费用说明			填报说明		
市内交通费			市内办事		
			现金付讫		
金额		佰×拾壹万零仟捌佰叁拾贰元零角零分¥10 832.00			
原支款		应付(退)款		财务审核人	李冰
批准人		部门负责人		财务负责人	钱景

附单据 20 张

凭证 33

武汉光谷公司费用报销单

填报人	周琦	部门	管理部门	日期	2017年12月10日
费用说明			填报说明		
高速公路通行费					
停车费		现金付讫			
金额	佰×拾零万壹仟玖佰捌拾零元零角零分￥1 980.00				
原支款		应付(退)款		财务审核人	李冰
批准人		部门负责人		财务负责人	钱景

附单据 12 张

凭证 34-1

中国工商银行
转账支票存根
30804230
90252044

附加信息
_____
_____

出票日期：2017 年 12 月 10 日

收款人：保险公司
金　额：15 600.00
用　途：保险费

单位主管　孙玲　　会计　李冰

凭证 34 - 2

湖北增值税电子普通发票

发票代码　2210405055778
发票号码　0007755
开票日期　2017 年 12 月 12 日
校 验 码　45123 45784 56453 81284

机器编号　823345671012

购买方	名　　　称:武汉光谷机械有限责任公司 纳税人识别号:420044444466666 地址、电话:武汉市武汉大道 128 号　027 - 88581678 开户行及账号:工行　128333333388888							密码区	
货物或应税劳务、服务名称	规格型号	单位	数量	单价	金额	税率	税额		
车辆保险					9 056.60	6%	543.40		
合　　计					9 056.60		543.40		
价税合计(大写)	玖仟陆伯元整　　(小写)9 600.00								
销售方	名　　　称:平安保险公司 纳税人识别号:454500000057228 地址、电话:关山路 58 号 开户行及账号:中行　868777700000308							备注	

收款人:　　　　复核:　　　　开票人:　　　　销售方:(章)

凭证 34 - 3

湖北增值税电子普通发票

发票代码　2210405055778
发票号码　0007756
开票日期　2017 年 12 月 12 日
校 验 码　45123 45784 56453 81285

机器编号　823345671012

购买方	名　　　称:武汉光谷机械有限责任公司 纳税人识别号:420044444466666 地址、电话:武汉市武汉大道 128 号　027 - 88581678 开户行及账号:工行　128333333388888							密码区	
货物或应税劳务、服务名称	规格型号	单位	数量	单价	金额	税率	税额		
财产保险					5 660.38	6%	339.62		
合　　计					5 660.38		339.62		
价税合计(大写)	陆仟元整　　(小写)6 000.00								
销售方	名　　　称:平安保险公司 纳税人识别号:454500000057228 地址、电话:关山路 58 号 开户行及账号:中行　868777700000308							备注	

收款人:　　　　复核:　　　　开票人:　　　　销售方:(章)

凭证 35

武汉光谷公司费用报销单

填报人	周琦	部门	管理部门	日期	2017 年 12 月 10 日
费用说明			填报说明		
购买发票			购买专用发票		
			现金付讫		
金额			佰拾万×仟壹佰伍拾零元零角零分￥150.00		
原支款		应付(退)款		财务审核人	李冰
批准人		部门负责人		财务负责人	钱景

附单据 1 张

凭证 36-1

中国工商银行
转账支票存根
30804230
90252045

附加信息 _____
_____
_____

出票日期：2017 年 12 月 10 日
收款人：汉江税务所
金额：1 030.00
用途：鉴证费

单位主管　孙玲　　　会计　李冰

凭证 36-2

湖北增值税普通发票　发票联

4200093590　　　　　　　　　　　　　NO. 11335661
机器编号　823345671263　　　　　开票日期 2017 年 12 月 10 日

购买方	名　　称：武汉光谷机械有限责任公司 纳税人识别号：420044444466666 地　址、电　话：武汉市武汉大道 128 号 027-88581678 开户行及账号：工行 128333333388888	密码区

货物或应税劳务、服务名称	规格型号	单位	数量	单价	金额	税率	税额
鉴证服务					1 000.00	3%	30.00
合　　计					1 000.00		30.00

价税合计(大写)　壹仟零叁拾元整　　　　　　　　　(小写) 1 030.00

销售方	名　　称：汉江税务师事务所 纳税人识别号：421500036363600 地　址、电　话：民族大道 108 号 开户行及账号：建行 868777700000998	备注	校验码 45123 45784 56453 30554

收款人：　　　复核：　　　开票人：　　　销售方：(章)

凭证 37

湖北增值税普通发票　发票联

4200093640　　　　　　　　　　　　　NO. 11335755
机器编号　823345671221　　　　　开票日期 2017 年 12 月 10 日

购买方	名　　称：武汉光谷机械有限责任公司 纳税人识别号：420044444466666 地　址、电　话：武汉市武汉大道 128 号 027-88581678 开户行及账号：工行 128333333388888	密码区

货物或应税劳务、服务名称	规格型号	单位	数量	单价	金额	税率	税额
快递服务					300.00	3%	9.00
合　　计					300.00		9.00

价税合计(大写)　叁佰零玖元整　　　　　　　　　(小写) 309.00

销售方	名　　称：顺风快递公司 纳税人识别号：454500000057423 地　址、电　话：建设大道 420 号 开户行及账号：建行 868777700000038	备注	校验码 45123 45784 56453 30336

收款人：　　　复核：　　　开票人：　　　销售方：(章)

凭证38-1

中国工商银行进账单

2017年12月10日　　　　　　　　　　第　　号

出票人	全称	东湖机械有限责任公司	持票人	全称	武汉光谷机械有限责任公司
	账号	128333333386785		账号	128333333388888
	开户银行	工商银行南湖支行		开户银行	工商银行东湖支行

人民币(大写)	贰拾捌万元整	千	百	十	万	千	百	十	元	角	分
			¥	2	8	0	0	0	0	0	0

票据种类

票据张数

单位主管　　会计　　复核　　记账

开户行给持票人的收账通知

收款单位开户行盖章

凭证38-2

股东投资协议书

甲方：武汉光谷机械有限责任公司
乙方：湖北黄鹤有限责任公司
经上述股东各方充分协商，就投资设立东湖机械有限责任公司(下称公司)事宜，达成如下协议：
一、拟设立的公司名称、经营范围、注册资本、法定地址、法定代表人
　1. 公司名称：东湖机械有限责任公司
　2. 经营范围：机械加工
　3. 注册资本：500万元
　4. 法定地址：湖北武汉
　5. 法定代表人：李刚
二、出资方式及占股比例
甲方以货币作为出资，出资额400万元人民币，占公司注册资本的80%；
乙方以货币作为出资，出资额100万元人民币，占公司注册资本的20%；
三、其他约定
　1. 成立公司筹备组，成员由各股东方派员组成，出任法人代表一方的股东代表为组长，组织起草申办设立公司的各类文件；
　2. 出任法人代表的股东方先行垫付筹办费用，公司设立后该费用由公司承担；
　3. 上述各股东方委托出任法人代表方代理申办公司的各项注册事宜；
　4. 本协议自各股东方签字盖章之日起生效。一式两份，各方股东各执一份，以便共同遵守。
甲方(盖章)：武汉光谷有限责任公司　　乙方(盖章)：湖北黄鹤有限责任公司
代表人(签字)：郝运　　　　　　　　代表人(签字)：周强
2015年12月20日　　　　　　　　　　2015年12月20日

凭证 38-3

东湖公司 2016 实现盈利 50 万元,详细见东湖公司利润表。	母公司成本法核算不作账务处理。
东湖公司 2017 分配上年股利 35 万元。	母公司分得现金股利 28 万元。确认投资收益 28 万元。

凭证 39-1

股东投资协议书

甲方:武汉光谷有限责任公司
乙方:湖北机电有限责任公司
经上述股东各方充分协商,就投资设立南湖机械有限责任公司(下称公司)事宜,达成如下协议:
一、拟设立的公司名称、经营范围、注册资本、法定地址、法定代表人
1. 公司名称:南湖机械有限责任公司
2. 经营范围:机械加工
3. 注册资本:375 万元
4. 法定地址:湖北武汉
5. 法定代表人:朴再相
二、出资方式及占股比例
甲方以货币作为出资,出资额 150 万元人民币,占公司注册资本的 40%;
乙方以货币作为出资,出资额 225 万元人民币,占公司注册资本的 60%;
三、其他约定
1. 成立公司筹备组,成员由各股东方派员组成,出任法人代表一方的股东代表为组长,组织起草申办设立公司的各类文件;
2. 出任法人代表的股东方先行垫付筹办费用,公司设立后该费用由公司承担;
3. 上述各股东方委托出任法人代表方代理申办公司的各项注册事宜;
4. 本协议自各股东方签字盖章之日起生效。一式两份,各方股东各执一份,以便共同遵守。
甲方(盖章):武汉光谷有限公司　　乙方(盖章):湖北机电有限公司
代表人(签字):郝运　　　　　　　　代表人(签字):王海
2015 年 12 月 25 日　　　　　　　　2015 年 12 月 25 日

凭证 39-2

南湖公司 2016 年盈利 40 万元,详细见南湖公司利润表。	光谷公司采用权益法核算,确认投资收益 16 万元。
南湖公司 2017 年分配上年股利 25 万元	光谷公司分得现金股利 10 万元,冲减长期股权投资。

凭证 39-3

中国工商银行进账单

2017 年 12 月 10 日　　　　　　　　第　　号

出票人	全称	南湖机械有限责任公司	持票人	全称	武汉光谷有限责任公司
	账号	128355533388884		账号	128333333388888
	开户银行	工商银行南湖支行		开户银行	工商银行东湖支行

人民币(大写)壹拾万元整	千	百	十	万	千	百	十	元	角	分
		¥	1	0	0	0	0	0	0	0

票据种类

票据张数

单位主管　会计　复核　记账　　　　　　　　　　收款单位开户行　盖章

开户行给持票人的收账通知

凭证 40-1

上海证券中心登记结算公司

买卖类别:买入	成交日期:2017 年 12 月 10 日
股东代码:	股东姓名:武汉光谷
资金账号:	合同号码:
证券名称:A 公司	委托时间:
成交号码:	成交金额:800 000.00
成交股数:100 000	手续费:1 000.00
成交价格:8.00	
收付金额:801 000.00	

经办单位:　　　　　　　　客户印章:

凭证 40-2

托收凭证(付款通知)

委托日期 2017 年 12 月 10 日

业务类型　委托收款(邮汇,电汇)　托收承付(邮汇,电汇)

付款人	全称	武汉光谷机械有限责任公司	收款人	全称	
	账号	128333333388888		账号	
	地址	武汉市武汉大道 128 号		地址	

金额	人民币(大写)　捌拾万零壹仟元整	亿	千	百	十	万	千	百	十	元	角
				¥	8	0	1	0	0	0	0

款项内容		托收凭据名称		附寄单证张数	
商品发运情况				合同名称号码	

备注　　　　　　　　　　付款人注意:

复核　记账　　　　　　　收款开户银行签章　2017 年 12 月 10 日

付款人开户银行给付款人的付款通知

凭证 41－1

湖北增值税普通发票
发票联

4200093358　　　　　　　　　　　　　　　　　　　　NO. 11338844
机器编号　823345671115　　　　　　　　　开票日期 2017 年 12 月 11 日

购买方	名　称：武汉光谷机械有限责任公司 纳税人识别号：420044444466666 地　址、电　话：武汉市武汉大道 128 号 027－88581678 开户行及账号：工行 128333333388888	密码区	

货物或应税劳务、服务名称	规格型号	单位	数量	单价	金额	税率	税额
物业管理费					600.00	3%	18.00
合　计					600.00		18.00

价税合计（大写）　陆佰壹拾捌元整　　　　　　　　　（小写）618.00

销售方	名　称：江天物业公司 纳税人识别号：454500000057171 地　址、电　话：关山大道 120 号 开户行及账号：建行 868777700000457	备注	校验码 45123 45784 56453 30307

收款人：　　　复核：　　　开票人：　　　销售方：(章)

凭证 41－2

中国工商银行 现金支票存根 支票号码 945464 附加信息 出票日期 2017 年 12 月 11 日 收款人：江天物业 金额：618.00 用途：物业费 单位主管　孙玲　会计　李冰	本支票付款期限十天	中国工商银行**现金支票**　　　　　　支票号码 945464 出票日期(大写)贰零壹柒年壹拾贰月零壹拾壹日　付款行名称 收款人：江城物业　　　　　　出票人账号 人民币　　　　　　　　亿 千 百 十 万 千 百 十 元 角 分 (大写)陆佰壹拾捌元整　　　　　　　　　　¥ 6 1 8 0 0 用途_____ 上列款项请从我账户内支付 出票人签章　　　　　　复核　记账

凭证 42-1

湖北增值税电子普通发票

发票代码 2210405055778
发票号码 0007756
开票日期 2017 年 12 月 11 日
校验码 45123 45784 56453 81119

机器编号 823345671443

购买方	名　　　称:武汉光谷机械有限责任公司 纳税人识别号:420044444466666 地　址、电　话:武汉市武汉大道 128 号 027-88581678 开户行及账号:工行 128333333388888	密码区	
货物或应税劳务、服务名称	规格型号	单位	数量	单价	金额	税率	税额
通信费					18 267.92	6%	1 096.08
合　计					18 267.92		1 096.08
价税合计(大写)	壹万玖仟叁佰陆拾肆元整				(小写)19 364.00		
销售方	名　　　称:武汉移动 纳税人识别号:454500000057345 地　址、电　话:丹桂路 58 号 开户行及账号:建行 868777700000556	备注	

收款人:　　　　复核:　　　　开票人:　　　　销售方:(章)

凭证 42-2

中国工商银行 转账支票存根 支票号码 945465 附加信息	本支票付款期限十天	中国工商银行现金支票　　　　　　　　　支票号码 945465 出票日期(大写)贰零壹柒年壹拾贰月壹拾壹日　付款行名称 收款人: 武汉移动　　　　　　　　　　　出票人账号 人民币(大写)壹万玖仟叁佰陆拾肆元整 　亿千百十万千百十元角分 　　　　　　　　　　　　　　　　　　　　　¥ 1 9 3 6 4 0 0 用途_____ 上列款项请从 我账户内支付 给出票人签章　　　　　　　　复核　　记账
出票日期 2017 年 12 月 11 日 收款人:武汉移动 金额:19 364.00 用途:通信费 单位主管 孙玲　会计 李冰		

凭证 43

无形资产摊销表

土地原值	摊销时间	以前累计摊销	月摊销金额	期末净值
480 万元	50 年	376 000	8 000.00	4 416 000.00

凭证 44－1

固定资产清理审批单
2017 年 12 月 11 日

主管部门		生产部门			使用单位		二车间	
名称及型号	单位	数量	原值	已提折旧	预计净残值率	预计使用年限	实际使用年限	
机械设备			20 万元	7.68 万元	4%	10 年	4 年	
制造单位				出厂日期				
申请处置原因				批准 签字 钱景 盖章				

凭证 44－2（要求自制）

湖北增值税专用发票

4200083523

此联不作报销、扣税凭证使用

NO. 00235208

开票日期：2017 年 12 月 11 日

购买方	名　　称：湖北强盛公司 纳税人识别号：421313875632107 地 址、电 话：武汉 027－84546412 开户行及账号：工行 123484849464231	密码区	
货物或应税劳务、服务名称	规格型号	单位	数量	单价	金额	税率	税额
旧设备					10 300.00	17%	17 510.00
合　计					10 300.00		17 510.00
价税合计（大写）	壹拾贰万零伍佰壹拾元整		（小写）¥120 510.00
销售方	名　　称：武汉光谷机械有限责任公司 纳税人识别号：420044444466666 地 址、电 话：武汉市武汉大道 128 号 开户行及账号：工行 128333333388888	备注	

收款人：　　　　复核：　　　　开票人：销售方：（章）

第一联：记账联 购买方记账凭证

凭证 44－3

中国工商银行进账单

2017 年 12 月 11 日　　　　第　　号

出票人	全称	湖北强盛公司	持票人	全称	武汉光谷机械有限责任公司
	账号	123484849464231		账号	128333333388888
	开户银行	工商银行		开户银行	工商银行东湖支行

人民币（大写）	壹拾贰万零伍佰壹拾元整	千	百	十	万	千	百	十	元	角	分
		￥	1	2	0	5	1	0	0	0

票据种类	
票据张数	

单位主管　　会计　　复核　　记账　　　　　　　收款单位开户行盖章

开户行给持票人的收账通知

凭证 44－4（要求自制）

固定资产清理损益计算表

原值	折旧	净值	赔偿	清理费用	残值收入

净损益	人民币大写：	小写：

凭证 45－1

湖北增值税普通发票

发票联

4200078358　　　　　　　　　　　　　　　　　　NO. 22338844
机器编号　823345671115　　　　　　　　　　　开票日期 2017 年 12 月 11 日

购买方	名　　称：武汉光谷机械有限责任公司 纳税人识别号：420044444466666 地　址、电　话：武汉市武汉大道 128 号 027－88581678 开户行及账号：工行 128333333388888	密码区	

货物或应税劳务、服务名称	规格型号	单位	数量	单价	金额	税率	税额
修缮费					12 520.00	3%	375.60
合　计					12 520.00		375.60

价税合计（大写）	壹万贰仟捌佰玖拾伍元陆角整	（小写）12 895.60

销售方	名　　称：百姓装修公司 纳税人识别号：421678787878885 地　址、电　话：中山大道 120 号 开户行及账号：建行 868777700000119	备注	校验码 45123 45784 56453 80307

第二联：发票联　购买方记账凭证

收款人：　　　　复核：　　　　开票人：　　　　销售方：（章）

凭证 45－2

```
            中国工商银行
           转账支票存根
             30804230
             90252046

附加信息 _____
_____
_____

              出票日期:2017 年 12 月 11 日

收款人:百姓装修公司

金额:12 895.60

用途:修缮费

     单位主管  孙玲      会计  李冰
```

凭证 46－1

| 中国工商银行
现金支票存根
支票号码 945466
附加信息
_____
_____
出票日期 2017 年 12 月 12 日
收款人:田田广告公司
金额:8 240.00
用途:业务宣传费

单位主管 孙玲 会计 李冰 | 本支票付款期限十天 | 中国工商银行 **现金支票**   支票号码 945466
出票日期(大写)贰零壹柒年壹拾贰月壹拾贰日   付款行名称
收款人: 出票人账号

人民币(大写) 拐仟贰佰肆拾元整   亿千百十万千百十元角分
                                        ¥ 8 2 4 0 0 0

用途:业务宣传费

上列款项请从
我账户内支付

出票人签章   复核   记账 |

凭证 46－2

湖北增值税普通发票
发票联

4200078446　　　　　　　　　　　　　　　　　　　　　　NO. 22338997
机器编号　823345672020　　　　　　　　　　　　　　　开票日期 2017 年 12 月 12 日

购买方	名　　　称：武汉光谷机械有限责任公司 纳税人识别号：420044444466666 地　址、电　话：武汉市武汉大道 128 号 027－88581678 开户行及账号：工行 128333333388888					密码区		
货物或应税劳务、服务名称	规格型号	单位	数量	单价	金额	税率	税额
业务宣传费					8 000	3％	240
合　　计					8 000		240
价税合计（大写）　　捌仟贰佰肆拾元整　　　　　　　　　　　（小写）8 240.00							
销售方	名　　　称：田田广告公司 纳税人识别号：421678787872236 地　址、电　话：中山大道 120 号 开户行及账号：建行 868777700002424				备注	校验码 45123 45784 56453 80552		

收款人：　　　　　复核：　　　　　开票人：　　　　　销售方：（章）

第二联：发票联　购买方记账凭证

凭证 47－1

| 中国工商银行
现金支票存根
支票号码 945467
附加信息
――――――
出票日期 2017 年 12 月 12 日
收款人：
金额：11 465.00
用途：招待费
单位主管　孙玲　会计　李冰 | 本支票付款期限十天 | 中国工商银行 **现金支票**　　　　　　　　　　　支票号码 945467
出票日期（大写）贰零壹柒年壹拾贰月壹拾贰日　付款行名称
收款人：　大中华酒店　　　　　　　　　　　　出票人账号

| 人民币（大写）
壹万壹仟肆佰陆拾伍元整 | 亿 | 千 | 百 | 十 | 万 | 千 | 百 | 十 | 元 | 角 | 分 |
\|---\|---\|---\|---\|---\|---\|---\|---\|---\|---\|---\|---\|
\| \| \| \| \| ¥ | 1 | 1 | 4 | 6 | 5 | 0 | 0 |

用途：业务招待费
上列款项请从
我账户内支付
出票人签章　　　复核　　　记账 |

凭证 47-2

武汉光谷公司费用报销单

填报人	高铁	部　别	管理部门	日期	2017年12月12日
费用类型			填报说明		
业务招待费			本月累计业务招待费开支		
金　额			仟佰×拾壹万壹仟肆佰陆拾伍元零角零分¥11 465.00		
原支款		应付(退)款		财务审核人	李冰
批准人		部门负责人		财务负责人	钱景

附单据 2 张

凭证 48-1

中国工商银行 现金支票存根 支票号码 945468 附加信息 _____ _____ 出票日期 2017年12月12日 收款人:大中华酒店 金额:6 408.00 用途:差旅费、招待费 单位主管 孙玲　会计 李冰	本支票付款期限十天	中国工商银行 **现金支票**　　支票号码 945468 出票日期(大写)贰零壹柒年壹拾贰月壹拾贰日　付款行名称 收款人: 大中华酒店　　　　　　　　　　出票人账号 人民币(大写)陆仟肆佰零捌元整　　亿千百十万千百十元角分 　　　　　　　　　　　　　　　　　　　　　　¥ 6 4 0 8 0 0 用途:业务招待费 上列款项请从 我账户内支付 出票人签章　　　复核　　记账

凭证 48-2

武汉光谷公司费用报销单

填报人	高铁	部　别	销售部门	日期	2017年12月12日
费用类型			填报说明		
差旅费			开展业务2 000元		
业务招待费			本月累计业务招待费开支4 408元		
金　额			仟　佰拾×万陆仟肆佰零拾捌元零角零分￥6 408.00		
原支款		应付(退)款		财务审核人	李冰
批准人		部门负责人		财务负责人	钱景

附单据2张

凭证 49-1

中国工商银行

转账支票存根

30804230
90252047

附加信息

出票日期:2017年12月13日

收款人:诚信广告公司

金额:2 120.00

用途:广告费

单位主管　孙玲　　　会计　李冰

凭证 49-2

湖北增值税专用发票
抵扣联

4200013645

NO.00835201
开票日期:2017 年 12 月 13 日

购买方	名　　　称:武汉光谷机械有限责任公司 纳税人识别号:420044444466666 地　址、电　话:武汉市武汉大道 128 号 027－88581678 开户行及账号:工行 128333333388888	密码区	

货物或应税劳务、服务名称	规格型号	单位	数量	单价	金额	税率	税额
广告服务					2 000.00	6%	120.00
合　　计					2 000.00		120.00

价税合计(大写)	贰仟壹佰贰拾元整	(小写)¥2 120.00

销售方	名　　　称:诚信广告 纳税人识别号:425555666121212 地　址、电　话:武汉解放大道 开户行及账号:工行 754642000000400	备注

收款人：　　　复核：　　　开票人：销售方:(章)

第二联:抵扣联 购买方扣税凭证

凭证 49-3

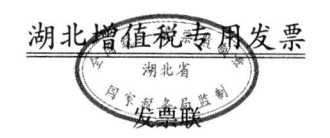

湖北增值税专用发票
发票联

4200013645

NO.00835201
开票日期:2017 年 12 月 13 日

购买方	名　　　称:武汉光谷机械有限责任公司 纳税人识别号:420044444466666 地　址、电　话:武汉市武汉大道 128 号 027－88581678 开户行及账号:工行 128333333388888	密码区	

货物或应税劳务、服务名称	规格型号	单位	数量	单价	金额	税率	税额
广告服务					2 000.00	6%	120.00
合　　计					2 000.00		120.00

价税合计(大写)	贰仟壹佰贰拾元整	(小写)¥2 120.00

销售方	名　　　称:诚信广告 纳税人识别号:425555666121256 地　址、电　话:武汉解放大道 开户行及账号:工行 754642000000428	备注

收款人：　　　复核：　　　开票人：　　　销售方:(章)

第三联:发票联 购买方记账凭证

第四章 会计实训资料　　　　　　　　　　　　　　　145

凭证 50－1

4200078558

机器编号　823345673030

湖北增值税普通发票
发票联

NO.22337070

开票日期 2017 年 12 月 12 日

购买方	名　　称:武汉光谷机械有限责任公司 纳税人识别号:420044444466666 地　址、电　话:武汉市武汉大道 128 号 027－88581678 开户行及账号:工行 128333333388888	密码区	

货物或应税劳务、服务名称	规格型号	单位	数量	单价	金额	税率	税额
车辆修理费					3 500.00	3%	105.00
合　　计					3 500.00		105.00
价税合计(大写)	叁仟陆佰零伍元整				(小写)3 605.00		

销售方	名　　称:宏达修配公司 纳税人识别号:421678787873070 地　址、电　话:解放大道 110 号 开户行及账号:建行 868777700007868	备注	校验码 45123 45784 56453 12345

收款人：　　　复核：　　　开票人：　　　销售方:(章)

第二联：发票联　购买方记账凭证

凭证 50－2

中国工商银行
转账支票存根
30804230
90252048

附加信息

出票日期:2017 年 12 月 13 日

收款人:宏达修配

金额:3 605.00

用途:修理费

单位主管　孙玲　　　会计　李冰

凭证 51-1

开具红字增值税专用发票信息表

填开日期：2017年12月13日

销售方	名称	武汉光谷公司	购买方	名称	亿优公司
	纳税人识别号	420044444466666		纳税人识别号	420044777466654

开具红字专用发票内容	货物（劳务服务）名称	数量	单价	金额	税率	税额
	丙产品			-7 196.00		-1 223.32
	合计	—	—	-7 196.00	—	-1 223.32

说明	一、购买方□ 　　对应蓝字专用发票抵扣增值税销项税额情况： 　　　1. 已抵扣√ 　　　2. 未抵扣□ 　　　　(1) 无法认证□ 　　　　(2) 纳税人识别号认证不符□ 　　　　(3) 增值税专用发票代码、号码认证不符□ 　　　　(4) 所购货物或劳务、服务不属于增值税抵扣项目范围□ 　　对应蓝字专用发票的代码：_____　号码：_____ 二、销售方□ 　　　1. 购买方拒收发票□ 　　　2. 发票尚未交付□ 　　对应蓝字专用发票的代码：_____　号码：_____
红字发票信息表编号	

凭证 51-2

中国工商银行

转账支票存根

30804230
90252049

附加信息

出票日期：2017 年 12 月 13 日

收款人：亿优公司

金额：8419.32

用途：销售折让 5%

单位主管　孙玲　　　　会计　李冰

凭证 51-3

湖北增值税专用发票

4200083524　　　　　　　　　　　　　　　　　　　　NO.00235208

此联不作报销、扣税凭证使用　　　　　　　　开票日期：2017 年 12 月 13 日

购货单位	名　　　称：亿优公司　　　纳税人识别号：420044777466654　　　地　址、电　话：郑州黄河大道　　开户行及账号：工行 127896321123125	密码区

货物或应税劳务名称	规格型号	单位	数量	单价	金额	税率	税额
丙产品					-7 196.00		-1 223.32
合　　计					-7 196.00	17%	-1 223.32
价税合计（大写）	捌仟肆佰壹拾玖元叁角贰分				（小写）¥-8 419.32.00		

销售方	名　　　称：武汉光谷机械有限责任公司　　　　　　　　　　　　　　　　　　　　　　　　　　　　　　纳税人识别号：420044444466666　　　　　　　　　　　　　　　　　　　　　　　　　　　　　　　　　　地　址、电　话：武汉市武汉大道 128 号　　　　　　　　　　　　　　　　　　　　　　　　　　　　　开户行及账号：工行 128333333388888	备注

收款人：　　　　复核：　　　　开票人：　　　　销售方：（章）

第一联：记账联　销货方记账凭证

凭证 52－1(要求自制)

房产税纳税申报表

税款所属时期:2017 年 12 月 1 日至 2017 年 12 月 31 日　　　　　　　　　　　　计算单位:元、平方米

纳税人名称	武汉光谷机械有限责任公司	纳税编码		身份证号码(个人)		电话	
		房产所属税务机关	东湖地税	组织机构代码(单位)	420044444466666		

房产登记编号	房产地址	租金收入	适用税率	房产原值	计税余值	适用税率	年应缴纳税额	本期应缴税额	本期减免税额	本期实缴税额
007	光谷一路									
	合计									

受理税务机关(章):　　　　　　　受理录入日期:　　　　　　　受理录入人:

凭证 52－2(要求自制)

城镇土地使用税纳税申报表

纳税人识别号 | 4 | 2 | 0 | 0 | 4 | 4 | 4 | 4 | 4 | 4 | 6 | 6 | 6 | 6 | 6 |

纳税人名称:(公章)

税款所属期限:2017 年 12 月 1 日至 2017 年 12 月 31 日

填表日期:2017 年 12 月 13 日　　　　　　　　　　　　　　　　　金额单位:元(列至角分)

土地等级	应税面积	单位税额	全年应纳税额	缴纳次数	本期应纳税额	本期已缴税额	本期应补(退)税额
1	2	3	4	5	6	7	8＝7－6
合计			—				

纳税人或代理人声明:此纳税申报表是根据国家税收法律的规定填报的,我确信它是真实的、可靠的、完整的。	如纳税人填报,由纳税人填写以下各栏			
:---	经办人(签章)		会计主管(签章)	孙玲	法定代表人(签章)	郝运
	如委托代理人填报,由代理人填写以下各栏			
	代理人名称			
	经办人(签章)		代理人(公章)	
	联系电话			

凭证 52－3(要求自制)

车船税纳税申报表

纳税人识别号：4 2 0 0 4 4 4 4 4 6 6 6 6 6

纳税人名称：(公章)

税款所属期限：2017 年 1 月 1 日至 2017 年 12 月 31 日

填表日期：2017 年 12 月 13 日

金额单位：元

车船类别		计税单位	税额标准	数量	吨位	全年应纳税额	缴纳次数	本期应纳税额	本期已缴税额	本期应补(退)税额
载客汽车	大型(核定载客人数大于或等于20人)	每辆	540 元	—						
	中型(核定载客人数大于9人且小于20人)	每辆	480 元	2	—					
	小型(核定载客人数小于或等于9人)	每辆	420 元		—					
	微型(车长小于等于3.5米,发动机汽缸总排量小于等于1升)	每辆	300 元	2	—					
载货汽车(包括半挂牵引车、挂车)		按自重每吨	96							
三轮汽车		按自重每吨	60							
低速货车		按自重每吨	60							
摩托车		每辆	60							
专项作业车		按自重每吨	96							
轮式专用机械车		按自重每吨	96							
小计			—							
船舶	净吨位小于或等于200吨	每吨	3 元							
	净吨位201吨至2 000吨	每吨	4 元							
	净吨位2 001吨至10 000吨	每吨	5 元							
	净吨位10 001吨及其以上	每吨	6 元							
小计			—							
合计										

凭证 53-1

转账日期:2017 年 12 月 13 日		
纳税人全称及识别号:武汉光谷机械有限责任公司　420044444466666		
付款人全称:武汉光谷机械有限责任公司		
付款人账号:128333333388888	征收机关名称	
付款人开户银行:工商银行东湖支行	收款国库(银行)名称	
小写(合计)金额:26 460.00	缴款书交易流水号	
大写(合计)金额:贰万陆仟肆佰陆拾元整	税票号码:	
税(费)种名称	所属时期	实缴金额
房产税	20171201—20171231	26 460.00

凭证 53-2

转账日期:2017 年 12 月 13 日		
纳税人全称及识别号:武汉光谷机械有限责任公司　420044444466666		
付款人全称:武汉光谷机械有限责任公司		
付款人账号:128333333388888	征收机关名称	
付款人开户银行:工商银行东湖支行	收款国库(银行)名称	
小写(合计)金额:800.00	缴款书交易流水号	
大写(合计)金额:捌佰元整	税票号码:	
税(费)种名称	所属时期	实缴金额
土地使用税	20171201—20171231	800.00

凭证 53-3

转账日期:2017 年 12 月 13 日		
纳税人全称及识别号:武汉光谷机械有限责任公司　420044444466666		
付款人全称:武汉光谷机械有限责任公司		
付款人账号:128333333388888	征收机关名称	
付款人开户银行:工商银行东湖支行	收款国库(银行)名称	
小写(合计)金额:1560.00	缴款书交易流水号	
大写(合计)金额:壹仟伍佰陆拾元整	税票号码:	
税(费)种名称	所属时期	实缴金额
车船税	20170101—20171231	1 560.00

凭证 54-1(要求自制)

2017年11月增值税纳税申报表(适用一般纳税人)

	项　目	栏次	本月数
销售额	(一)按适用税率征货物及劳务销售额	1	
	其中:应税货物销售额	2	
	应税劳务销售额	3	
	纳税检查调整的销售额	4	
	(二)按简易征收办法征税货物销售额	5	
	其中:纳税检查调整的销售额	6	
	(三)免、抵、退办法出口货物销售额	7	
	(四)免税货物及劳务销售额	8	
	其中:免税货物销售额	9	
	免税劳务销售额	10	
税款计算	销项税额	11	
	进项税额	12	
	上期留抵税额	13	
	进项税额转出	14	
	免抵退货物应退税额	15	
	按适用税率计算的纳税检查应补缴税额	16	
	应抵扣税额合计	17＝12＋13－14－15＋16	
	实际抵扣税额	18(如17＜11,则为17,否则为11)	
	应纳税额	19＝11－18	
	期末留抵税额	20＝17－18	
	简易征收办法计算的应纳税额	21	
	按简易征收办法计算的纳税检查应补缴税额	22	
	应纳税额减征额	23	
	应纳税额合计	24＝19＋21－23	
税款缴纳	期初未缴税额(多缴为负数)	25	
	实收出口开具专用缴款书退税额	26	
	本期已缴税额	27＝28＋29＋30＋31	
	①分次预缴税额	28	
	②出口开具专用缴款书预缴税额	29	
	③本期缴纳上期应纳税额	30	
	④本期缴纳欠缴税额	31	
	期末未缴税额(多缴为负数)	32＝24＋25＋26－27	
	其中:欠缴税额(≥0)	33＝25＋26－27	
	本期应补(退)税额	34＝24－28－29	
	即征即退实际退税额	35	
	期初未缴查补税额	36	
	本期入库查补税额	37	
	期末未缴查补税额	38＝16＋22＋36－37	

凭证 54-2

增值税纳税申报表附列资料

增值税纳税申报表附列资料（表一）	本期销售情况明细	一、一般计税方法计税 二、简易计税方法计税 三、免抵退税 四、免税
增值税纳税申报表附列资料（表二）	本期进项税额明细	一、申报抵扣的进项税额 二、进项税额转出额 三、待抵扣进项税额 四、其他
增值税纳税申报表附列资料（表三）	（服务、不动产和无形资产扣除项目明细）	一般纳税人销售服务、不动产和无形资产，差额征税需填报《增值税纳税申报表附列资料（三）》。其他情况不填写该附列资料。
增值税纳税申报表附列资料（表四）	税额抵减情况表	增值税税控系统专用设备费及技术维护费；分支机构预征缴纳税款
《增值税纳税申报表附列资料（五）》	（不动产分期抵扣计算表）	不动产和不动产在建工程，其进项税额应按照本办法有关规定分2年从销项税额中抵扣。
固定资产(不含不动产)进项税额抵扣情况表		增值税专用发票；海关进口增值税专用缴款书
本期抵扣进项税额结构明细表		按税率或征收率归集的进项
增值税减免税申报明细表		减免项目；免税项目

凭证 54-3

转账日期：2017年12月13日			
纳税人全称及识别号：武汉光谷机械有限责任公司　420044444466666			
付款人全称：武汉光谷机械有限责任公司			
付款人账号：128333333388888		征收机关名称：东湖国税	
付款人开户银行：工商银行东湖支行		收款国库(银行)名称	
小写(合计)金额 400 000.00		缴款书交易流水号	
大写(合计)金额：肆拾万元整		税票号码：	
税(费)种名称	所属时期		实缴金额
增值税	20171101—20171130		400 000.00

凭证 55-1

转账日期：2017年12月13日	
纳税人全称及识别号：武汉光谷机械有限责任公司　420044444466666	
付款人全称：武汉光谷机械有限责任公司	
付款人账号：128333333388888	征收机关名称：东湖地税
付款人开户银行：工商银行东湖支行	收款国库(银行)名称

(接上文)

小写(合计)金额:56 000.00		缴款书交易流水号	
大写(合计)金额:叁万零壹佰壹拾元整		税票号码:	
税(费)种名称		所属时期	实缴金额
城建税		20171101—20171130	28 000.00
教育费附加		20171101—20171130	12 000.00
地方教育附加		20171101—20171130	8 000.00
堤防维护费		20171101—20171130	8 000.00

凭证55-2(要求自制)

附加税(费)纳税申报表

纳税人识别号 4 2 0 0 4 4 4 4 4 6 6 6 6 6

纳税人名称:(公章)

税款所属期限:自 2017 年 11 月 1 日至 2017 年 11 月 30 日

填表日期:2017 年 12 月 13 日　　　　　　　　　　　　　　　金额单位:元(列至角分)

计税依据(计征依据)		计税金额	税率(征收率)	本期应纳税额	本期已缴税额	本期应补(退)税额
		1	2	3=1×2	4	5=3-4
城市维护建设税	增值税		7%			
	消费税		7%			
	合计		—			
教育费附加	增值税		3%			
	消费税		3%			
	合计		—			
地方教育附加	增值税		2%			
	消费税		2%			
	合计		—			
堤防维护费	增值税		2%			
	消费税		2%			
	合计		—			
纳税人或代理人声明:此纳税申报表是根据国家税收法律的规定填报的,我确信它是真实的、可靠的、完整的。		如纳税人填报,由纳税人填写以下各栏				
		经办人(签章)		会计主管(签章) 孙玲	法定代表人(签章)	郝运
		如委托代理人填报,由代理人填写以下各栏				
		代理人名称			代理人(公章)	
		经办人(签章)				
		联系电话				

凭证 56-1(要求自制)

中华人民共和国企业所得税月(季)度预缴纳税申报表(A类)		所属期限 2017 年 11 月		
行次	项 目		本期金额	累计金额
1	一、按照实际利润额预缴			
2	营业收入			
3	营业成本			
4	利润总额			
5	加:特定业务计算的应纳税所得额			
6	减:不征税收入和税基减免应纳税所得额(请填附表1)			
7	固定资产加速折旧(扣除)调减额(请填附表2)			
8	弥补以前年度亏损			
9	实际利润额(4行+5行-6行-7行-8行)			
10	税率(25%)			
11	应纳所得税额			
12	减:减免所得税额			
13	减:实际已预缴所得税额			—
14	减:特定业务预缴(征)所得税额			
15	应补(退)所得税额(11行-12行-13行-14行)			—
16	减:以前年度多缴在本期抵缴所得税额			
17	本期实际应补(退)所得税额			—
18	二、按照上一纳税年度应纳税所得额平均额预缴			
19	上一纳税年度应纳税所得额			—
20	本月(季)应纳税所得额(19行×1/4或1/12)			
21	税率(25%)			
22	本月(季)应纳所得税额(20行×21行)			
23	减:减免所得税额(请填附表3)			
24	本月(季)实际应纳所得税额(22行-23行)			
25	三、按照税务机关确定的其他方法预缴			
26	本月(季)确定预缴的所得税额			
27	总分机构纳税人			
28	总机构	总机构应分摊所得税额		
29		财政集中分配所得税额		
30		分支机构应分摊所得税额		
31		其中:总机构独立经营部门应分摊所得税额		
32	分支机构	分配比例		
33		分配所得税额		

谨声明:此纳税申报表是根据《中华人民共和国企业所得税法》、《中华人民共和国企业所得税法实施条例》和国家有关税收规定填报的,是真实的、可靠的、完整的。

　　　　　　　　　　　　　　　　　法定代表人(签字):　　郝运　　2017 年 12 月 13 日

凭证 56－2

	转账日期:2017 年 12 月 13 日		
纳税人全称及识别号:武汉光谷机械有限责任公司　420044444466666			
付款人全称:武汉光谷机械有限责任公司			
付款人账号:128333333388888		征收机关名称:东湖国税	
付款人开户银行:工商银行东湖支行		收款国库(银行)名称	
小写(合计)金额:180 000.00		缴款书交易流水号	
大写(合计)金额:壹拾捌万元整		税票号码:	
税(费)种名称		所属时期	实缴金额
企业所得税		20171101—20171130	180 000.00

凭证 57(要求自制)

固定资产折旧计算表

2017 年 12 月　　　　　　　　　　　　　　　　　　　　万元

使用部门	房屋原值	机器设备	运输设备	其他设备	月折旧额	会计科目
月折旧率	0.4%	0.8%	1.6%	1.6%	净残值 4%	
一车间	882.937 5	570		15		
二车间	982.937 5	450		15		
管理部门	934.125		50	40		
销售部门	500		40	40		
原值合计	3 300	1 020	90	110		
折旧合计						

凭证 58－1

中国工商银行

转账支票存根

30804230
90252050

附加信息 _____
_____
_____

出票日期:2017 年 12 月 17 日

收款人:长江会计
金额:19 080.00
用途:审计费

单位主管　孙玲　　　　会计　李冰

凭证58-2

湖北增值税专用发票
抵扣联

4200015050

NO.00835201
开票日期：2017年12月17日

购买方	名　　　称：武汉光谷机械有限责任公司 纳税人识别号：420044444466666 地　址、电　话：武汉市武汉大道128号 027－88581678 开户行及账号：工行 128333333388888	密码区

货物或应税劳务、服务名称	规格型号	单位	数量	单价	金额	税率	税额
鉴证服务					18 000.00	6%	1 080.00
合　　计					18 000.00		1 080.00

价税合计（大写）	壹万玖仟零捌拾元整	（小写）¥19 080.00

销售方	名　　　称：长江会计 纳税人识别号：425555666123838 地　址、电　话：武汉解放大道 开户行及账号：工行 754642000002080	备注

收款人：　　　　复核：　　　　开票人：　　　　销售方：（章）

第二联：抵扣联　购买方扣税凭证

凭证58-3

湖北增值税专用发票
发票联

4200015050

NO.00835201
开票日期：2017年12月17日

购买方	名　　　称：武汉光谷机械有限责任公司 纳税人识别号：420044444466666 地　址、电　话：武汉市武汉大道128号 027－88581678 开户行及账号：工行 128333333388888	密码区

货物或应税劳务、服务名称	规格型号	单位	数量	单价	金额	税率	税额
鉴证服务					18 000.00	6%	1 080.00.00
合　　计					18 000.00		1 080.00.00

价税合计（大写）	壹万玖仟零捌拾元整	（小写）¥19 080.00

销售方	名　　　称：长江会计 纳税人识别号：425555666123838 地　址、电　话：武汉解放大道 开户行及账号：工行 754642000002080	备注

收款人：　　　　复核：　　　　开票人：　　　　销售方：（章）

第三联：发票联　购买方记账凭证

凭证 59－1

中国工商银行 现金支票存根
支票号码 945469
附加信息

出票日期 2017 年 12 月 17 日
收款人：石油公司
金额：4 797.00
用途：汽油费

单位主管　孙玲　　会计　李冰

中国工商银行 现金支票

支票号码 945469

出票日期（大写）：贰零壹柒年壹拾贰月壹拾柒日　　付款行名称
收款人：中石化　　　　　　　　　　　　　　　　　出票人账号

人民币（大写）：肆仟柒佰玖拾柒元整

亿	千	百	十	万	千	百	十	元	角	分
						¥	4	7	9	7	0	0

用途：汽油费

上列款项请从
我账户内支付

给出票人签章　　　　复核　　　　记账

凭证 59－2

湖北增值税普通发票
发票联

发票代码 142011161515
发票号码 06825847
机打号码　　　　机器编号
销售方名称：中石化湖北石油分公司

纳税人识别号 420044444456220
开票日期　2017 年 12 月 17 日　　收款员：刘英
购买方名称　武汉光谷机械有限责任公司

纳税人识别号 420044284466666

项目	单价	数量	金额
93 号乙醇汽油	5.20	922.50	4 797.00

合计金额(小写)：¥4 797.00
合计金额(大写)：肆仟柒佰玖拾柒元整
校验码　　　45123 50084 56453 51544

凭证 60

现金盘点报告表

编制单位　武汉光谷　　　　　　　　　　　　　　　　　　　2017 年 12 月 18 日

实存金额	账存金额	实存账存对比		备注
		盘盈	盘亏	
19 679	19 879		200.00	

盘点人签章:孙玲　　　　　　　　　　　　　　　　　　　　出纳签章:刘谦

凭证 61

账存实存对比表

编制单位　武汉光谷　　　　　　2017 年 12 月 18 日　　　　　　　第　　页

序号	名称	规格	单位	单价	实存		账存		对比结果				备注
					数量	金额	数量	金额	盘盈		盘亏		
									数量	金额	数量	金额	
1	丁产品		件								1	1 728	外购比例75%

单位主管:　　　　　主管会计:孙玲　　　　　制表:张涵

凭证 62(要求自制)

账存实存对比表

编制单位　武汉光谷　　　　　　2017 年 12 月 18 日　　　　　　　第　　页

序号	名称	规格	单位	单价	实存		账存		对比结果				备注
					数量	金额	数量	金额	盘盈		盘亏		
									数量	金额	数量	金额	
1	D												

单位主管:　　　　　主管会计:孙玲　　　　　制表:张涵

凭证 63-1

中国工商银行
现金支票存根
支票号码 945470
附加信息

出票日期 2017 年 12 月 19 日

收款人：红十字会
金额：100 000.00
用途：捐款

主管 孙玲　会计 李冰

本支票付款期限十天

中国工商银行现金支票

支票号码 945470

出票日期(大写)贰零壹柒年壹拾贰月壹拾玖日　付款行名称

收款人：红十字会　　　　　　　　　出票人账号

	亿	千	百	十	万	千	百	十	元	角	分
人民币(大写)壹拾万元整					¥	1	0	0	0	0	0	0	0

用途：九寨沟捐款

上列款项请从
我账户内支付

出票人签章　　　复核　　　记账

凭证 63-2

红十字会统一收据

2017 年 12 月 19 日

交款单位(人)：武汉光谷机械有限责任公司								
交款事由：捐赠	金额							
九寨沟发生地震	十万	万	千	百	十	元	角	分
	1	0	0	0	0	0	0	0
合计人民币(大写)壹拾万元整								
收款单位：武汉红十字会								

财务主管　　　会计　　　收款人 国美美　　　经手人 刘军

第一联 付款单位记账联

凭证 64

托收凭证(付款通知)

委托日期 2017 年 12 月 19 日

业务类型	委托收款(邮汇,电汇)		托收承付(邮汇,电汇)								
付款人	全称	武汉光谷机械有限责任公司	收款人	全称	华南公司						
	账号	128333333388888		账号	662325252521300						
	地址	武汉市武汉大道 128 号		地址	广西南宁						
金额	人民币(大写) 叁拾伍万元整			亿	千	百	十	万	千	百	十	元	角
							¥	3	5	0	0	0	0	0
款项内容		托收凭据名称		附寄单证张数							
商品发运情况				合同名称号码							
备注			上列款项已划回收入你方账户内。								
复核 记账			收款开户银行签章 2017 年 12 月 19 日								

付款人开户银行给付款人的付款通知

凭证 65-1

中国工商银行存款利息凭证

2017 年 12 月 20 日

收款单位	户名	武汉光谷机械有限责任公司	付款单位	户名	工行东湖支行
	账号	128333333388888		账号	
	开户银行	工商银行东湖支行		开户银行	
积数		利率	利息	1 500.90	

第 4 季度利息

复核员 记账员

表65-2

中国建设银行存款利息凭证
2017 年 12 月 20 日

收款单位	户名	武汉光谷机械有限责任公司	付款单位	户名	建行南湖支行
	账号	126333333378788		账号	
	开户银行	建设银行南湖支行		开户银行	
积数		利率		利息	500.02

第4季度利息　　　　　　　　　　　　　　复核员　　记账员

表66

湖北增值税普通发票
发票联

4200078558　　　　　　　　　　　　　　　　　　　　　　　NO.22337070
机器编号　823345673030　　　　　　　　　　　开票日期 2017 年 12 月 20 日

购买方	名　　　称:武汉光谷机械有限责任公司	密码区	
	纳税人识别号:420044444466666		
	地　址、电　话:武汉市武汉大道 128 号 027－88581678		
	开户行及账号:工行 128333333388888		

货物或应税劳务、服务名称	规格型号	单位	数量	单价	金额	税率	税额
银行手续费					2 547.17	6%	152.83
合　　计					2 547.17		152.83

价税合计(大写)　　贰仟柒佰元整　　　　　　　　　(小写)2 700.00

销售方	名　　　称:中国工商银行	备注	校验码 45123 45784 56453 54321
	纳税人识别号:421678787872228		
	地　址、电　话:解放大道 110 号		
	开户行及账号:工行 868666600007868		

收款人:　　　　复核:　　　　开票人:　　　　销售方:(章)

第二联:发票联　购买方记账凭证

凭证 67-1（要求自制）

湖北增值税专用发票

4200083525

NO.00235208

此联不作报销、扣税凭证使用

开票日期：2017年12月20日

购买方	名　　称：湖北海天公司 纳税人识别号：421313875632105 地　址、电　话：武汉 027-84546410 开户行及账号：工行 123484849464235	密码区	

货物或应税劳务、服务名称	规格型号	单位	数量	单价	金额	税率	税额
丙产品							
合　计							

价税合计（大写）		（小写）

销售方	名　　称：武汉光谷机械有限责任公司 纳税人识别号：420044444466666 地　址、电　话：武汉市武汉大道128号 开户行及账号：工行 128333333388888

收款人：　　　复核：　　　开票人：　　　销售方：（章）

第一联：记账联 销货方记账凭证

凭证 67-2

工商银行电子回单

回单编号：	回单类型：支付结算	业务名称：自动入账	
凭证种类：	凭证号码：	借贷标志：贷	回单格式码：
付款人账号：			
付款人名称：海天公司			
开户行名称：			
收款人账号：128333333388888			
收款人名称：武汉光谷机械有限责任公司			
开户行名称：工行			
币种：人民币	金额：1 591 200.00	大写金额：壹佰伍拾玖万壹仟贰佰元整	
打印次数：1次	记账日期：2017年12月20日	会计流水号：5678	

凭证 67-3

销售合同

　　甲方:湖北海天公司

　　乙方:武汉光谷机械有限责任公司

　　根据《中华人民共和国合同法》及有关法律、法规规定,甲、乙双方本着平等、自愿、公平、互惠互利和诚实守信的原则,就产品供销的有关事宜协商一致订立本合同,以便共同遵守。

　　一、合同价款及付款方式:

　　本合同签订后,在乙方将产品及时送至甲方指定的地点并经甲方验收后,甲方一次性将款项付给乙方。

　　二、产品质量:

　　1. 乙方保证所提供的产品货真价实,来源合法,无任何法律纠纷和质量问题,如果乙方所提供产品与第三方出现了纠纷,由此引起的一切法律后果均由乙方承担。

　　2. 如果甲方在使用上述产品过程中,出现产品质量问题,乙方负责调换,若不能调换,予以退还。

　　三、违约责任

　　1. 甲乙双方均应全面履行本合同约定,一方违约给另一方造成损失的,应当承担赔偿责任。

　　2. 乙方未按合同约定供货的,按延迟供货的部分款,每延迟一日承担货款的万分之五违约金,延迟10日以上的,除支付违约金外,甲方有权解除合同。

　　3. 甲方未按照合同约定的期限结算的,应按照中国人民银行有关延期付款的规定,延迟一日,需支付结算货款的万分之五的违约金;延迟10日以上的,除支付违约金外,乙方有权解除合同。

　　四、其他约定事项

　　本合同一式两份,自双方签字之日起生效。如果出现纠纷,双方均可向有管辖权的人民法院提起诉讼。

2017年12月10日

凭证 67-4(要求自制)

产品出库单

编号

编号	名称规格	单位	数量	发货时间	购买单位
丙产品					
合计					

会计主管：　　　　仓库主管：　　　　仓库保管：　　　　经发：　　　　制单:张涵

凭证 67-5

开票通知单

销售员:洪流　　　　　　　　　　　　　　　　　　　　　日期:2017 年 12 月 20 日

客户名称	产品名称	规格型号	发货日期	数量	含税单价	总价	合同号
海天	丙产品		12.20	400	3 978	1 591 200	06
备注							

总经理签字：　　　　　　　　　　　　　　　　　　　销售经理签字:马进

凭证 68-1

```
中国工商银行
转账支票存根
30804230
90252051

附加信息
_____
_____
_____

出票日期:2017 年 12 月 20 日

收款人:蓝天公司
金额:380 000.00
用途:预付进口设备款

单位主管　孙玲　　　会计　李冰
```

凭证 68-2

委托代理进口协议

协议号:023

委托人:武汉光谷(以下简称甲方)
代理人:蓝天公司(以下简称乙方)

甲、乙双方经友好协商,就设备进口项目事宜,根据国家现行的法律、法规和政策之规定,于2017年12月20日在武汉签订协议条款如下,以资信守。

一、甲方委托乙方作为其进口项目的代理人,乙方接受甲方委托,代理甲方对外签订和执行该项目进口合同。

二、甲方委托乙方代理进口机械设备项目。详细情况如下:
1. 卖方:_____;地址:_____;电话:_____;传真:_____。
2. 商品名称及规格:_____;总价:_____;价格条款:_____。
3. 付款方式及付款时间:_____;交货时间及运输方式:_____;制造商及原产地:_____。

三、甲方义务:
1. 本协议签订后,甲方于2017年12月20日将货款计人民币38万元给付乙方。
2. 支付进口代理手续费为价款的2%。

四、乙方义务:
1. 乙方负责办理购付汇和核销手续,汇率为付款当日银行卖出价。
2. 乙方负责按实际支出与甲方结算(多退少补),并向甲方开具结算单据。

五、在合同规定的索赔期内,如发现数量和质量问题,由甲方请有关部门出具商检证明并及时与乙方联系,由乙方对外提出索赔。甲乙双方须积极配合。

六、如甲、乙双方任何一方单方违约,违约方应向守约方偿付协议进口总额5%的违约金。

七、甲乙双方同意,在执行本代理协议过程中所发生的一切争议首先通过友好协商解决,协商不成的,任何一方均可诉诸人民法院解决,本代理协议的管辖法院是乙方所在地人民法院。

八、本协议未尽事宜,甲乙双方应根据国家有关规定另行协商并签补充协议。补充协议为本协议不可分割的组成部分。

九、本协议一式两份,甲乙双方各执一份。

十、本协议自双方签字盖章之日起生效。

甲方(盖章):武汉光谷　　　　　乙方(盖章):蓝天公司
法定代表人(签字):郝运　　　　　法定代表人(签字):周通
2017年12月20日　　　　　　　　　2017年12月20日

凭证 69（要求自制）

债权投资计息摊销

2017 年 12 月 20 日　　　　　　　　　　　　　　　　　　　　　单位：万元

购买时间	2017 年 1 月 2 日
到期时间	2021 年 12 月 31 日
付息方式	按年付息
买价	
购买方式	
面值	
利息调整	
票面利率	
实际利率	
应收利息	
期初摊余成本	
实际利息收入	
利息调整的摊销	
期末摊余成本	

凭证 70

财产清查结果的处理

2017 年 12 月 20 日

项目	现金
盘点结果	盘亏 200 元
原因	无法查明原因
处理意见 建议作管理费用处理	签字：钱景
审批结果 同意作管理费用处理	签字： 盖章：

凭证 71

贷款到账通知单

2017 年 12 月 20 日

借款单位	武汉光谷机械有限责任公司		种类			贷款户账号			建行 126333333378788		
金额	人民币(大写)伍佰万元整	千	百	十	万	千	百	十	元	角	分
		¥	5	0	0	0	0	0	0	0	0
用途		单位申请期限						三年			
		银行核定期限						三年			
上述贷款已核准发放,并划入你单位 账号:126333333378788 年利率:7.5% 银行签章 2017 年 12 月 20 日		复核 主管 记账 会计									

凭证 72－1

```
        中国建设银行
        转账支票存根
        40804230
        60252080
  附加信息
  _____
  _____
  _____
               出票日期:2017 年 12 月 20 日
  收款人:山河公司
  金额:2 000 000.00
  用途:工程款
       单位主管  孙玲     会计  李冰
```

凭证 72-2

湖北增值税普通发票

发票联

4200093450　　　　　　　　　　　　　　　　　　　　　　　　NO.22435208

机器编号　823345671662　　　　　　　　　开票日期 2017 年 12 月 20 日

购买方	名　　称：武汉光谷机械有限责任公司 纳税人识别号：420044444466666 地　址、电　话：武汉市武汉大道 128 号 027-88581678 开户行及账号：工行 128333333388888	密码区	
货物或应税劳务、服务名称	规格型号	单位	数量	单价	金额	税率	税额
建筑服务					1 941 747.57	3%	58 252.43
合　计					1 941 747.57		58 252.43
价税合计（大写）	贰佰万元整			（小写）2 000 000.00			
销售方	名　　称：山河公司 纳税人识别号：454500000057505 地　址、电　话：建设大道 400 号 开户行及账号：中行 42123963215778	备注	校验码 45123 45784 56453 91089

收款人：　　　　复核：　　　　开票人：　　　　销售方：(章)

第二联：发票联　购买方记账凭证

凭证 73-1

中国建设银行流动资金贷款还款凭证

单位编码：2017 年 12 月 20 日　　　　　　　原借款凭证银行编号：

付款人	名　称	武汉光谷机械有限责任公司	收款人	名　称	建行南湖支行
	账　号	126333333378788		账　号	
	开户银行	建行		开户银行	建行
计划还款日期		2017 年 12 月 20 日			
借款金额	人民币(大写)壹佰万元整		千 百 十 万 千 百 十 元 角 分 ¥　1　0　0　0　0　0　0　0　0　0
还款内容	归还流动资金借款本金壹百万元和利息叁万元。		
备注：		上述借款本金和利息已从你单位建行放款账户内偿还 借款单位： 银行盖章　2017 年 12 月 20 日	

凭证 73-2

湖北增值税普通发票
发票联

4200093450　　　　　　　　　　　　　　　　　　　　　　　　NO.22435208
机器编号　823345671662　　　　　　　　　　　　　　开票日期 2017 年 12 月 20 日

购买方	名称：武汉光谷机械有限责任公司 纳税人识别号：420044444466666 地址、电话：武汉市武汉大道128号 027-88581678 开户行及账号：建行 126333333378788	密码区	
货物或应税劳务、服务名称	规格型号	单位	数量	单价	金额	税率	税额
贷款利息					28 301.89	6%	1 698.11
合　计					28 301.89		1 698.11
价税合计（大写）　　叁万元整				（小写）30 000.00			
销售方	名称：建行南湖支行 纳税人识别号：454500000057528 地址、电话：建设大道400号 开户行及账号：建行 42123963215726	备注	校验码 45123 45784 56453 91088

收款人：　　　　　复核：　　　　　开票人：　　　　　销售方：(章)

凭证 74

内部审计

序号	内部审计人员发现	处理意见
1	2017年6月20日购买的管理部门使用的固定资产未提折旧，原值25 000元，使用年限五年，净残值为4%。	补提折旧 2 400.00 元
日期	2017 年 12 月 20 日	签字盖章：

凭证 75－1

托收凭证（收账通知）

委托日期　2017 年 12 月 20 日

业务类型		委托收款(邮汇,电汇)			托收承付(邮汇,电汇)		
付款人	全称	西北公司		收款人	全称	武汉光谷机械有限公司	
	账号	135000078445412			账号	128333333388888	
	地址	武汉藏龙大道 100 号			地址	武汉市武汉大道 128 号	
借款金额		人民币(大写)捌拾万元整		亿 千 百 十 万 千 百 十 元 角			
				￥　　　　8 0 0 0 0 0 0			
款项内容		托收凭据名称		附寄单证张数		2	
商品发运情况				合同名称号码			
备注				上列款项已划回收入你方账户内。			
复核		记账		收款开户银行签章　　2017 年 12 月 20 日			

收款人开户银行给收款人的收账通知

凭证 75－2

债务重组协议

甲、乙经过友好协商，达成如下协议。

第一条　乙方于 2017 年 12 月 20 日之前一次性向甲方支付 80 万元人民币，甲方免除乙方所欠剩余货款 20 万元。

第二条　自本合同签订之日，甲方对乙方重组后的债务按 1% 的月利率计收利息。(甲方可根据实际情况决定是否计息)

第三条　乙方如连续两次未按第一条规定的还款计划还款，又未得到甲方认可，甲方将视为严重违约。甲方有权取消对乙方的全部承诺，单方解除本合同，对其中乙方已归还甲方的款项作为乙方正常偿还欠款处理，并依法采取各种手段追回乙方所欠的剩余借款本金计利息。

第四条　如乙方于××年××月××日之前不能偿还全部所承诺的××万元债务，甲方有权取消对乙方的全部承诺，单方解除本合同，对其中乙方已归还甲方的款项作为乙方正常偿还欠款处理，并依法采取各种手段追回乙方所欠的剩余借款本金及利息。

第五条　在乙方未归还全部所承诺的××万元债务之前，甲方不放弃除本合同有明确约定之外的任何权利(包括对抵押物的有关权利)。

第六条　甲、乙双方的其他约定。

第七条　本协议未尽事宜由各方协商解决。

第八条　各方因履行本合同而发生的纠纷，由甲方住所地人民法院管辖。

第九条　本合同一式两份，甲、乙方各执一份。

第十条　本合同自各方有权签字人签字并加盖公章后生效。

甲方:(盖章)　武汉光谷　　　　　　　乙方:(盖章)西北公司
授权代表:(签字)郝运　　　　　　　　授权代表:(签字)吴天

凭证 76-1

海关关税专用缴款书

收入系统：海关　　　填发日期 2017 年 12 月 20 日　　　号码 NO:513056565656561234

收入机关	中央金库			名称	武汉光谷机械有限责任公司
科目	进口增值税	预算级次	中央	账号	128333333388888
收缴国库	工商银行			开户银行	工行

税号	货物名称	数量	单位	完税价格（¥）	税率（%）	税款金额（¥）
	机器设备			260 000.00	20	52 000.00

金额人民币(大写)伍万贰仟元整		合计（¥）	52 000.00
申请单位编号	报关单编号	填制单位——	收款国库（银行）
合同(批文)号	运输工具号	制单人——	
缴款期限	提|装货单号	复核人——	
备注：蓝天公司代理进口			

第一联：国库收款签单后交缴款单位

从填发缴款书之日起限 15 日内缴纳（法定节假日顺延），逾期按日征收税款总额万分之五的滞纳金。

凭证 76-2

海关增值税专用缴款书

收入系统：税务系统　　　填发日期 2017 年 12 月 20 日　　　号码 NO:513056565656561234

收入机关	中央金库			名称	武汉光谷机械有限责任公司
科目	进口增值税	预算级次	账号	账号	128333333388888
收缴国库	工商银行			开户银行	工行

税号	货物名称	数量	单位	完税价格（¥）	税率（%）	税款金额（¥）
	机器设备			312 000.00	17	53 040.00

金额人民币(大写)伍万叁仟零肆拾元整		合计（¥）	53 040.00
申请单位编号	报关单编号	填制单位——	收款国库（银行）
合同(批文)号	运输工具号	制单人——	
缴款期限	提|装货单号	复核人——	
备注：蓝天公司代理进口			

第一联：国库收款签单后交缴款单位

从填发缴款书之日起限 15 日内缴纳（法定节假日顺延），逾期按日征收税款总额万分之五的滞纳金。

凭证 76-3

中国工商银行进账单

2017 年 12 月 20 日　　　　　　　　　　　　　　　　　第　号

出票人	全称	蓝天公司	持票人	全称	武汉光谷机械有限责任公司
	账号	128355533388884		账号	128333333388888
	开户银行	工商银行南湖支行		开户银行	工商银行东湖支行

人民币(大写)　玖仟柒佰陆拾元整

千	百	十	万	千	百	十	元	角	分
			¥	9	7	6	0	0	0

票据种类

票据张数

收款单位开户行　盖章

单位主管　　会计　　复核　　记账

开户行给持票人的收账通知

凭证 76-4

湖北增值税普通发票

发票联

4200078558　　　　　　　　　　　　　　　　　　　　　NO. 22337070

机器编号　823345673030　　　　　　　　　　开票日期 2017 年 12 月 20 日

购买方	名　　称:武汉光谷机械有限责任公司 纳税人识别号:420044444466666 地　址、电话:武汉市武汉大道 128 号 027－88581678 开户行及账号:工行 128333333388888	密码区	

货物或应税劳务、服务名称	规格型号	单位	数量	单价	金额	税率	税额
代理手续费					4 905.66	6%	294.34
合　计					4 905.66		294.34

价税合计(大写)　伍仟贰佰元整　　　　　　　　　　(小写) 5 200.00

销售方	名　　称:蓝天公司 纳税人识别号:421678787875558 地　址、电话:解放大道 110 号 开户行及账号:工行 128355533388884	备注	校验码 66452 45784 56453 54321

收款人:　　　复核:　　　开票人:　　　销售方:(章)

第二联:发票联　购买方记账凭证

凭证76-5

固定资产移交生产验收单

保管使用部门　　　　　　　　　　　　　　　　　　　　　　　　　　　2017年12月20日

固定资产编号	固定资产名称	规格型号	计量单位	数量	原值	预计使用年限	制造厂商或施工方式
02	机器设备				31.72万元	10年	进口
固定资产管理部门意见			财会部门验收意见		使用保管验收签章		

固定资产管理部门负责人：　　　　　　项目负责人：　　　　　　制单：张涵

凭证76-6

中华人民共和国海关进口货物报关单

预录入编号：　　　　　　　　　　　　　　　　　　　　　　　　　　　海关编号：0727738

进口口岸	备案号	进口日期 2017年12月	申报日期 2017年12月
经营单位 蓝天公司	运输方式 江海	运输工具名称	提运单号
收货单位 武汉光谷机械有限责任公司	贸易方式 一般贸易	征免性质 一般征税	征税比例
许可证号	起运国(地区)	装货港	境内目的地 武汉
批准文号	成交方式 CIF价格	运费　　保费	杂费
合同协议书	件数	包装种类　　毛重(千克)	净重(千克)
集装箱号	随附单据5份		用途：企业自用
标记唛码及备注			

项号	商品编号	商品名称、规格型号	数量及单位	原产国(地区)	单价	总价	币制	征免
01		机器设备				40 000.00	美元	照章

税费征收情况
关税增值税已征。

录入员　　录入单位	兹声明以上申报无讹并承担法律责任	海关审单 批注及放行日期(签章) 审单　刘敏　审价
报关员　138　海声BP机号 郑关 单位地址 邮编　　　　　电话	申报单位(签章) 蓝天公司　光谷公司 填制日期2017年12月20日	征税　已征　统计 查验　　　　放行

凭证 77-1(要求自制)

印花税纳税申报表

填报日期:2017 年 12 月 20 日 　　　　　　　　　　　　　　　　　　申报流水号

纳税人税务登记号 420044444466666　税费所属期 2017 年 12 月 1 日至 2017 年 12 月 20 日

纳税人电脑编码 　　　　　　　　　　管理机关 东湖地税

正常申报□　自行补报□　稽查自查申报□　延期申报预缴□　　　　　　单位:元(列至角分)

纳税人名称（盖章）	武汉光谷机械有限责任公司	注册地址	武汉	注册类型	有限责任公司		
开户银行	工商银行东湖支行	账号	128333333388888	联系电话		邮政编码	
征收品目	计税金额（计税数量）	税率（单位税额）	应纳税额	贴花情况			
				上期结存	本期购进	本期贴花	本期结存
购销合同		0.3‰					
加工承揽合同		0.5‰					
建设工程勘察设计合同		0.5‰					
建筑安装工程承包合同		0.3‰					
财产租赁合同		1‰					
货物运输合同		0.5‰					
仓储保管合同		1‰					
借款合同		0.05‰					
财产保险合同		1‰					
技术合同		0.3‰					
产权转移书据		0.5‰					
营业账簿		5元					
资金账簿		0.5‰					
权利、许可证照		5元					
合　计							
税务机关填写	受理申报日期：　年　月　日　受理人签名：		审核日期：　年　月　日　审核人签名：			录入日期：　年　月　日　录入员签名：		

凭证 77－2

转账日期:2017 年 12 月 20 日	
纳税人全称及识别号:武汉光谷机械有限责任公司　420044444466666	
付款人全称:武汉光谷有限责任公司	
付款人账号:128333333388888	征收机关名称:东湖地税
付款人开户银行:工商银行	收款国库（银行）名称
小写（合计）金额:2 050.00	缴款书交易流水号
大写（合计）金额:贰仟零伍拾元整	税票号码:
税（费）种名称	所属时期　　　　　实缴金额
印花税	2017 年 12 月　　　2 050.00

凭证 78

财产清查结果的处理

2017 年 12 月 20 日

项目	丁产品
盘点结果	盘亏 1 件
原因	管理不善
处理意见 建议作管理费用处理 签字:钱景	审批结果 管理费用处理 签字: 盖章:

凭证 79－1

武汉光谷公司领款单

申领人	何雄安	部　别	综合部	日期	2017 年 12 月 20 日
费用类型	用途说明				
中餐补贴	本月实际进餐人次 4 000,每人次 10 元				
金　　额	仟佰×拾肆万零仟零佰零拾零元零角零分￥40 000.00				
批准人		部门负责人		财务负责人	钱景

附单据 30 张

凭证 79-2

中国工商银行
现金支票存根
支票号码 945471
附加信息
_____
_____

出票日期
2017 年 12 月 20 日

收款人：何雄安

金额：40 000.00

用途：中餐补贴

单位主管　孙玲　会计　李冰

本支票付款期限十天

中国工商银行 现金支票

支票号码 945471

出票日期(大写)贰零壹柒年壹拾贰月零贰拾日
收款人：

付款行名称
出票人账号

	亿	千	百	十	万	千	百	十	元	角	分
人民币(大写)肆万元整					¥	4	0	0	0	0	0

用途_____

上列款项请从
我账户内支付
给出票人签章　　　　　复核　　记账

凭证 80-1

武汉光谷公司费用报销单

填报人	周琦	部　别	管理部门	日　期	2017 年 12 月 20 日
费用类型			填报说明		
运输费用			职工上下班交通费开支		
金　额		仟　佰　拾×万伍仟零佰零拾零元零角零分 ¥5 000.00			
原支款		应付(退)款		财务审核人	李冰
批准人		部门负责人		财务负责人	钱景

附单据 2 张

凭证 80－2

```
           中国工商银行
          转账支票存根
           30804230
           90252052

附加信息
_____
_____
_____

     出票日期：2017 年 12 月 20 日
┌─────────────────────────────┐
│ 收款人：捷龙公司              │
│ 金额：5 000.00               │
│ 用途：职工上下班交通费        │
└─────────────────────────────┘
     单位主管  孙玲    会计  李冰
```

凭证 81

2017 年 12 月列支职工福利费

单位：元

项目	内容	金额
中餐补助	本月实际进餐人次 4 000，每人次 10 元。	40 000.00
交通班车	租车费用开支	5 000.00
合计	按实际发生额计提	45 000.00

凭证 82－1（要求自制）

电费分配计算表

单位：元

使用部门	应借科目	用量	单位电费	分配金额
一车间	制造费用——一车间	288 750	0.6	
二车间	制造费用——二车间	156 250	0.6	
管理部门	管理费用	50 000	0.6	
销售部门	销售费用	5 000	0.6	
小计		500 000	0.6	
应交税费	（税率17%）			
合计		500 000		

凭证 82-2

湖北增值税专用发票（抵扣联）

4200022650　　　　　　　　　　　　　　　　　　　　NO.00235501

开票日期 2017 年 12 月 23 日

购买方	名　　称：武汉光谷机械有限责任公司　　纳税人识别号：420044444466666　　地　址、电　话：武汉市武汉大道 128 号　　开户行及账号：工行 128333333388888							密码区	

货物或应税劳务、服务名称	规格型号	单位	数量	单价	金额	税率	税额
电费		度	500 000	0.60	300 000.00	17%	51 000.00
合　计					300 000.00		51 000.00

价税合计（大写）	叁拾伍万壹仟元整	（小写）¥351 000.00

销售方	名　　称：湖北电力公司　　纳税人识别号：427864445566366　　地　址、电　话：武汉　　开户行及账号：128684878685425	备注

收款人：　　　复核：　　　开票人：　　　销售方：（章）

第二联：抵扣联　购买方扣税凭证

凭证 82-3

湖北增值税专用发票（发票联）

4200022650　　　　　　　　　　　　　　　　　　　　NO.00235501

开票日期 2017 年 12 月 23 日

购买方	名　　称：武汉光谷机械有限责任公司　　纳税人识别号：420044444466666　　地　址、电　话：武汉市武汉大道 128 号　　开户行及账号：工行 128333333388888							密码区	

货物或应税劳务、服务名称	规格型号	单位	数量	单价	金额	税率	税额
电费		度	500 000	0.60	300 000.00	17%	51 000.00
合　计					300 000.00		51 000.00

价税合计（大写）	叁拾伍万壹仟元整	（小写）351 000.00

销售方	名　　称：湖北电力公司　　纳税人识别号：427864445566366　　地　址、电　话：武汉　　开户行及账号：128684878685425	备注

收款人：　　　复核：　　　开票人：　　　销售方：（章）

第三联：发票联　购买方记账凭证

凭证82-4

托收凭证(付款通知)

委托日期:2017年12月23日

业务类型		委托收款(邮汇,电汇)		托收承付(邮汇,电汇)							
付款人	全称	武汉光谷机械有限责任公司	收款人	全称	湖北电力公司						
	账号	128333333388888		账号	128684878685425						
	地址	武汉		地址	武汉						
金额	人民币(大写)叁拾伍万壹仟元整				亿	千	百	十	万	千	百	十	元	角
							¥	3	5	1	0	0	0	0
款项内容		托收凭据名称		附寄单证张数							
商品发运情况				合同名称号码							
备注		付款人注意:									
复核 记账		收款开户银行签章 2017年12月23日									

付款人开户银行给付款人的付款通知

凭证83-1(要求自制)

水费分配计算表

单位:元

使用部门	应借科目	用量	单位水费	分配金额
一车间	制造费用——一车间	1 815	2.5	
二车间	制造费用——二车间	1 019	2.5	
管理部门	管理费用	1 086	2.5	
销售部门	销售费用	80	2.5	
小计		4 000	2.5	
应交税费	（征收率3%）			
合计		4 000		

凭证 83-2

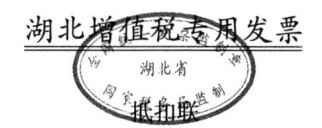

湖北增值税专用发票（抵扣联）

4200077650
代开

NO. 00235301
开票日期 2017 年 12 月 23 日

购买方	名　　　称：武汉光谷机械有限责任公司 纳税人识别号：420044444466666 地　址、电　话：武汉市武汉大道 128 号 开户行及账号：工行 128333333388888	密码区

货物或应税劳务、服务名称	规格型号	单位	数量	单价	金额	税率	税额
水费		吨	4 000	2.5	10 000.00	3%	300.00
合计					10 000.00		300.00

价税合计（大写）　壹万零叁佰元整（小写）　¥10 300.00

销售方	名　　　称：税务局发票代开专柜 纳税人识别号： 地　址、电　话： 开户行及账号：	备注	代开企业名称： 湖北自来水公司 代开企业税号： 427864445566779

收款人：　　　复核：　　　开票人：　　　销售方：（章）

第二联：抵扣联　购买方扣税凭证

凭证 83-3

湖北增值税专用发票（发票联）

4200077650
代开

NO. 00235301
开票日期 2017 年 12 月 23 日

购买方	名　　　称：武汉光谷机械有限责任公司 纳税人识别号：420044444466666 地　址、电　话：武汉市武汉大道 128 号 开户行及账号：工行 128333333388888	密码区

货物或应税劳务、服务名称	规格型号	单位	数量	单价	金额	税率	税额
水费		吨	4 000	2.5	10 000.00	3%	300.00
合计					10 000.00		300.00

价税合计（大写）　壹万零叁佰元整　　（小写）¥10 300.00

销货单位	名　　　称：税务局发票代开专柜 纳税人识别号： 地　址、电　话： 开户行及账号：	备注	代开企业名称： 湖北自来水公司 代开企业税号： 427864445566779

收款人：　　　复核：　　　开票人：　　　销售方：（章）

第三联：发票联　购买方记账凭证

凭证 83－4

托收凭证（付款通知）

委托日期　2017 年 12 月 23 日

业务类型	委托收款(邮汇，电汇)		托收承付(邮汇，电汇)								
付款人	全称	武汉光谷机械有限责任公司	收款人	全称	湖北自来水公司						
	账号	128333333388888		账号	128684878688689						
	地址	武汉		地址	武汉						
金额	人民币(大写)壹万零叁佰元整			亿	千	百	十	万	千	百	十	元	角
								￥1	0	3	0	0	0
款项内容		托收凭据名称		附寄单证张数							
商品发运情况				合同名称号码							
备注			付款人注意：								
复核　　记账			收款开户银行签章　2017 年 12 月 23 日								

付款人开户银行给付款人的付款通知

凭证 84－1

```
中国工商银行
转账支票存根
30804230
90252053

附加信息
_____
_____
_____

出票日期：2017 年 12 月 24 日
收款人：自来水公司
金额：3 200.00
用途：污水处理费

单位主管　孙玲　　　会计　李冰
```

凭证 84－2

湖北省非税收入票据

付款人：武汉光谷机械有限责任公司　　2017 年 12 月 24 日　　　　　　　0006448

收入项目	项目编号	数量	征收标准	金额
代收污水处理费	0620103773	4 000	0.8	3 200.00
起码：　　止码：				
合计金额（大写）		叁仟贰佰元整		
备注				

第一联：收据联

财务专用章　　　　　开票人：　　　　　收款人：

凭证 85－1

产品出库单

编号

编号	名称规格	单位	数量	发货时间	购买单位
	丁产品	件	1 000	12月25日	大发公司
合计					

会计主管：孙玲　　　仓库主管：　　　仓库保管：　　　经发：　　　制单：张涵

凭证 85－2

湖北增值税专用发票

4200083526　　　　　　　　　　　　　　　　　　　　　　　NO. 00235208

此联不作报销、抵税凭证使用　　开票日期：2017 年 12 月 25 日

购买方	名　　　称：湖北大发公司 纳税人识别号：420044445566780 地　址、电　话：武汉市发展大道 开户行及账号：工行 128333663388635	密码区	

货物或应税劳务、服务名称	规格型号	单位	数量	单价	金额	税率	税额
丁产品		件	1 000	2 340	2 340 000	17%	397 800
合　计					2 340 000		397 800

价税合计（大写）	贰佰柒拾叁万柒仟捌佰元整	（小写）¥ 2 737 800.00

销售方	名　　　称：武汉光谷机械有限责任公司 纳税人识别号：420044444466666 地　址、电　话：武汉市武汉大道 128 号 开户行及账号：工行 128333333388888	备注	

第一联：记账联　销货方记账凭证

收款人：　　　　复核：　　　　开票人：　　　　销售方：(章)

凭证 85-3

托收凭证(受理回单)

委托日期：2017 年 12 月 25 日

业务类型	委托收款(邮汇,电汇)		托收承付(邮汇,电汇)									
付款人	全称	湖北大发公司	收款人	全称	武汉光谷机械有限责任公司							
	账号	128333663388635		账号	128333333388888							
	地址	武汉市发展大道		地址	武汉市武汉大道 128 号							
金额	人民币(大写)贰佰柒拾肆万贰仟捌佰元整				亿	千	百	十	万	千	百	十	元	角	分
						¥	2	7	4	2	8	0	0	0	0
款项内容		托收凭据名称		附寄单证张数								
商品发运情况				合同名称号码								
备注 复核 记账		款项收妥日期 年 月 日		收款开户银行签章 年 月 日								

收款人开户银行给收款人的受理回单

凭证 85-4

```
         中国工商银行
        转账支票存根
        30804230
        90252054

附加信息
_____
_____
_____

出票日期：2017 年 12 月 25 日
收款人：武汉铁路局
金额：5 000.00
用途：代垫运费

    单位主管 孙玲    会计 李冰
```

凭证 85-5

开票通知单

销售员：周游 日期：2017 年 12 月 25 日

客户名称	产品名称	规格型号	发货日期	数量	含税单价	总价	合同号
大发	丁产品		12.25	1 000	2 737.8	2 737 800	
备注							

总经理签字： 销售经理签字：马进

凭证 86-1(要求自制)

产品出库单

编号

编号	名称规格	单位	数量	发出时间	购买单位
合计					

会计主管：　　　仓库主管：　　　仓库保管：　　　经发：　　　制单：

凭证 86-2

商业承兑汇票2

出票日期　贰零壹柒年壹拾贰月贰拾柒日

（大写）　　　　　　　　　　　　　　　　　　汇票号码

付款人	全称	湖北长青公司	收款人	全称	武汉光谷有限责任公司
	账号	425151535455560		账号	128333333388888
	开户银行	工行		开户银行	工商银行东湖支行

出票金额	人民币(大写)叁佰壹拾捌万贰仟肆佰元整	千	百	十	万	千	百	十	元	角	分
	¥		3	1	8	2	4	0	0	0	0

汇票到期日(大写)	贰零壹捌年零叁月贰拾陆日	付款人开户行	行号
交易合同号码			地址

本汇票已经承兑,到期无条件支付货款。
承兑人人签章
承兑日期：2017 年 12 月 27 日

本汇票请予以承兑于到期日付款。
出票人签章

此联随托收凭证寄付款人开户行

凭证 86－3(要求自制)

湖北增值税专用发票

4200083527　　　　　　　　　　　　　　　　　　　　　　NO.00235208

此联不作报销、扣税凭证使用　　开票日期:2017年12月27日

购买方	名　　称:湖北长青公司 纳税人识别号:421523686896045 地　址、电　话:武汉民生大道 开户行及账号:425151535455560	密码区	

货物或应税劳务、服务名称	规格型号	单位	数量	单价	金额	税率	税额
丙产品							
合　计							

价税合计(大写)　　　　　　　　　　　　　(小写)

销售方	名　　称:武汉光谷机械有限责任公司 纳税人识别号:420044444466666 地　址、电　话:武汉市武汉大道128号 开户行及账号:工行128333333388888	备注	(武汉光谷机械有限责任公司 4200444444466666 发票专用章)

收款人:　　　　复核:　　　　开票人:　　　　销售方:(章)

第一联:记账联　销货方记账凭证

开票通知单

销售员:戴路　　　　　　　　　　　　　　　　日期:2017年12月27日

客户名称	产品名称	规格型号	发货日期	数量	含税单价	总价	合同号
长青	丙产品		12.25	800	3 978	3 182 400	
备注							

总经理签字:　　　　　　　　　　　　　　　　销售经理签字:马进

凭证 87－1

武汉光谷有限责任公司股东会决议

　　根据《公司法》及本公司章程的有关规定,武汉光谷有限责任公司股东会会议于2017年12月28日,在藏龙岛召开。M公司和N公司各出资50%。

　　形成决议:按照实缴的出资比例分配上一年股利300万元并支付。

　　股东(签字、盖章)

　　武汉光谷有限责任公司　　　二〇一七年十二月二十八日

凭证 87-2

工商银行电子回单

回单编号:	回单类型:支付结算	业务名称:自动入账	
凭证种类:	凭证号码:	借贷标志:借	回单格式码:
付款人账号:			
付款人名称:武汉光谷机械有限责任公司			
开户行名称:			
收款人账号:M 公司			
收款人名称:			
开户行名称:			
币种:人民币	金额:1 500 000.00		大写金额:壹佰伍拾万元整
打印次数:1 次	记账日期:2017 年 12 月 28 日		会计流水号:

凭证 87-3

工商银行电子回单

回单编号:	回单类型:支付结算	业务名称:自动入账	
凭证种类:	凭证号码:	借贷标志:借	回单格式码:
付款人账号:			
付款人名称:武汉光谷机械有限责任公司			
开户行名称:			
收款人账号:			
收款人名称:N 公司			
开户行名称:			
币种:人民币	金额:1 500 000.00		大写金额:壹佰伍拾万元整
打印次数:1 次	记账日期:2017 年 12 月 28 日		会计流水号:

凭证 88(要求自制)

2017 年年末估计坏账损失

单位:元

年初应收账款余额	10 000 000.00
年初坏账准备余额	100 000.00
特别提示	1—11 月未发生和收回坏账
本年发生坏账	
本年收回坏账	
年末应收账款余额	
坏账计提比例	1%
计提坏账准备	
年末坏账准备	
确认递延所得税资产	

凭证89(要求自制)

2017年12月工资分配表

工资标准	总经理8 000;部门经理5 000;主管4 000;其他人员3 000;		
社保缴费标准	总经理5 000;部门经理5 000;主管3 000;其他人员2 000;		
项目	人数	工资	缴费基数
一车间管理人员	2个主管;5个一般人员;		
一车间生产甲	54个生产人员;		
一车间生产乙	36个生产人员;		
二车间管理人员	2个主管;5个一般人员;		
二车间生产丙	33个生产人员;		
二车间生产丁	27个生产人员;		
管理部门	1个总经理;5个部门经理;4个主管;16个一般人员;		
销售部门	2个主管;8个一般人员;		
合计	200	62.5万元	

凭证90(要求自制)

2017年年终奖金分配表

项目	人数	奖金
奖金标准	总经理3 600;部门经理3 600;主管2 400;其他人员1 200;	
一车间管理人员	2个主管;5个一般人员;	
一车间生产甲	54个生产人员;	
一车间生产乙	36个生产人员;	
二车间管理人员	2个主管;5个一般人员;	
二车间生产丙	33个生产人员;	
二车间生产丁	27个生产人员;	
管理部门	1个总经理;5个部门经理;4个主管;16个一般人员;	
销售部门	2个主管;8个一般人员;	
合计	200	26.64万元

凭证91－1(要求自制)

2017年年终奖金个人所得税的计算

人员	人数	每人工资	每人保险和公积金	每人奖金	奖金的个人所得税
总经理	1	8 000	900	3 600	108
部门经理	5	5 000	900	3 600	108
主管	10	4 000	540	2 400	70.8
一般人员	184	3 000	360	1 200	10.2
合计	200		奖金266 400元		
实发奖金					

凭证91－2

```
          中国工商银行
         转账支票存根
         30804230
         90252055
附加信息
_____
_____

出票日期:2017年12月30日
收款人:全体职工
金额:263 167.20
用途:奖金

    单位主管 孙玲   会计 李冰
```

凭证91－3(要求自制)

扣缴个人所得税报告表(下月申报缴纳)

税款所属期限　2017年1月1日至2017年12月31日
扣缴义务人名称:武汉光谷机械有限责任公司　　　　扣缴义务人所属行业:一般行业
扣缴义务人编码:　　　　　　　　　　　　　　　　金额单位:人民币元

序号	姓名	身份证件类型	身份证件号码	所得项目	所得期间	收入额	免税所得	税前扣除项目							减除费用	准予扣除捐赠	应纳税所得额	税率%	速算扣除数	应纳税额	减免税额	已扣缴税额	应补退税额	备注
								养老保险	医疗保险	失业保险	住房公积	财产原值	允许扣除税费	其他	合计										
1	2	3	4	5	6	7	8	9	10	11	12	13	14	15	16	17	18	19	20	21	22	23	24	25	26	27
合计:

我声明:此扣缴报告表是根据国家税收法律、法规规定填报的,我确定它是真实的、可靠的、完整的。
　　　　法定代表人(负责人)签字:郝运　　　　2018年1月15日

凭证 92(要求自制)

2017 年 12 月工会经费和职工教育经费明细表　　　　　　　　单位:元

部门 \ 项目	明细	职工人数	工资	年终奖	合计	工会经费	职工教育经费
一车间	甲生产人员	54	162 000	64 800			
	乙生产人员	36	108 000	43 200			
	车管人员	7	23 000	10 800			
二车间	丙生产人员	33	99 000	39 600			
	丁生产人员	27	81 000	32 400			
	车管人员	7	23 000	10 800			
管理部门		26	97 000	50 400			
销售部门		10	32 000	14 400			
合计		200	625 000	266 400			

凭证 93(要求自制)

2017 年 12 月社会保险和住房公积金明细表　　　　　　　　单位:元

部门 \ 项目	明细	职工人数	缴费基数	企业负担保险30%	企业负担公积7%	个人负担保险11%	个人负担住房公积7%
一车间	甲生产人员	54	108 000	32 400	7 560	11 880	7 560
	乙生产人员	36	72 000	21 600	5 040	7 920	5 040
	车管人员	7	16 000	4 800	1 120	1 760	1 120
二车间	丙生产人员	33	66 000	19 800	4 620	7 260	4 620
	丁生产人员	27	54 000	16 200	3 780	5 940	3 780
	车管人员	7	16 000	4 800	1 120	1 760	1 120
管理部门		26	74 000	22 200	5 180	8 140	5 180
销售部门		10	22 000	6 600	1 540	2 420	1 540
合计							

凭证 94-1

中华人民共和国
税收通用缴款书

隶属关系　　　　　　　　　　　　　　　　　　　　　　　　　　(20101)鄂国缴工
注册类型　　　　　　填发日期 2017 年 12 月 30 日　　　　　　征收机关:地税

缴款单位	代码	420044444466666	科目	工会经费代收
	全称	武汉光谷机械有限责任公司	科目代码	省级
	开户银行	工商银行东湖支行	级次	
	账号	128333333388888	收缴国库	

所属日期:2017 年 12 月　　　　　　　　　　缴款期限:2017 年 12 月 30 日

品目名称	职工工资总额	拨缴比例	应缴金额	实缴金额
	891 400.00	2‰×40%	7 131.20	7 131.20
金额合计	大写:柒仟壹佰叁拾壹元贰角整		小写:7 131.20	
缴款单位(人)(盖章)经办人(章)	税务机关(盖章)填票人:网上申报用户		上列款项已核对记入收款单位	备注

凭证94-2

转账日期:2017年12月30日	
纳税人全称及识别号　武汉光谷机械有限责任公司 420044444466666	
付款人全称:武汉光谷机械有限责任公司	
付款人账号:128333333388888	征收机关名称:东湖地税
付款人开户银行:工商银行	收款国库(银行)名称
小写(合计)金额:7 131.20	缴款书交易流水号
大写(合计)金额:柒仟壹佰叁拾壹元贰角整	税票号码:
税(费)种名称	所属时期	实缴金额
工会经费	2017年12月	7 131.20

凭证94-3

工会经费收入专用收据

国财1003080　　　　　　　　　　　　　　　　　　　　　　　　　　　　No:

交款单位	武汉光谷机械有限责任公司	
交款项目	2017年12月　　　工会经费	
缴款金额	人民币(大写):佰⊗拾壹万零仟陆佰玖拾陆元捌角零分	
	￥10 696.80	
收款单位:武汉光谷机械有限责任公司工会	收款人	
(公章)	(盖章)	2017年12月30日

第二联 收据联

凭证94-4

回单编号:	回单类型:支付结算	业务名称:自动入账	
凭证种类:	凭证号码:	借贷标志:借	回单格式码:
付款人账号:			
付款人名称:武汉光谷机械有限责任公司			
开户行名称:			
收款人账号:			
收款人名称:武汉光谷机械有限责任公司工会			
开户行名称:			
币种:人民币	金额:10 696.80	大写金额:壹万零陆佰玖拾陆元捌角整	
打印次数:1次	记账日期:	会计流水号:	

凭证 95－1

```
          中国工商银行
         转账支票存根
           30804230
           90252056

附加信息
_____
_____

出票日期：2017 年 12 月 30 日
收款人：培训中心
金　额：22 285.00
用　途：职工培训

    单位主管  孙玲    会计  李冰
```

凭证 95－2

武汉光谷公司费用报销单

填报人	周琦	部别	综合部	日期	2017 年 12 月 30 日
费用类型		填　报　说　明			
职工培训		职工业务培训			
金　额		仟佰×拾贰万贰仟贰佰捌拾伍元零角零分￥22 285.00			
原支款		应付(退)款		财务审核人	李冰
批准人		部门负责人		财务负责人	钱景

附单据　2　张

凭证 96

2017 年	南湖公司盈利 30 万元。	权益法核算；持股比例 40% 确认投资收益 30×40％＝12 万元
2017 年	东湖公司盈利 80 万元。	成本法核算；持股比例 80% 不确认投资收益。

凭证 97－1(要求自制)

材料成本差异计算表

单位:元

类别	期初结存		本月入库		合计		成本差异率
	计划成本	成本差异	计划成本	成本差异	计划成本	成本差异	
原材料							
计算过程							
发出材料负担的差异							

凭证 97－2(要求自制)

材料耗用汇总表

企业名称:武汉光谷　　　　2017 年 12 月 31 日　　　　单位:元

领用部门	会计科目	计划成本					合计	差异额
		材料—A	材料—B	材料—C	材料—D	材料—E		
一车间	生产—甲							
	生产—乙							
	制造费用(一)							
二车间	生产—丙							
	生产—丁							
	制造费用(二)							
盘亏	待处理财产损溢							
合计								

凭证 98－1(要求自制)

周转材料成本差异计算表

单位:元

类别	期初结存		本月入库		合计		成本差异率
	计划成本	成本差异	计划成本	成本差异	计划成本	成本差异	
周转材料							
计算过程							
发出周转材料负担的差异							

凭证 98-2(要求自制)

周转材料耗用汇总表

企业名称：武汉光谷　　　　　2017 年 12 月 31 日　　　　　　　　　　　单位：元

领用部门	会计科目	计划成本			合计	差异额
		劳保	工具	包装物		
一车间	制造费用					
二车间	生产—丙					
	生产—丁					
	制造费用					
合计						

凭证 99

财产清查结果的处理

2017 年 12 月 31 日

项　目	D 材料
盘点结果	盘亏 4 件
原因	计量差错
处理意见 建议作管理费用处理 签字：孙玲	审批结果 管理费用处理 签字：钱景 盖章：

凭证 100(要求自制)

一车间制造费用分配表

2017 年 12 月 31 日　　　　　　　　　　　单位：元

分配对象	工资	分配比例	分配额
半成品甲	162 000	60%	
半成品乙	108 000	40%	
合计	270 000	100%	

凭证 101(要求自制)

二车间制造费用分配表

2017 年 12 月 31 日　　　　　　　　　　　单位：元

分配对象	工资	分配比例	分配额
丙产品	99 000	55%	
丁产品	81 000	45%	
合计	180 000	100%	

凭证 102-1

一车间半成品甲产量资料

单位:件

项目名称	半成品甲
月初在产品成本 43.108 84	直接材料 30.067　直接人工 7.673 4　制造费用 5.368 44
月初在产品	400
本月投产	600
本月完工	800
月末在产品	200
月末在产品完工率	50%
月末在产品投料率	100%
分配方法	采用约产量法计完工产品成本
本月累计转入二车间数量	800

凭证 102-2(要求自制)

甲产品成本计算单

甲期初在产品 400 件　本月投产 600 件　完工 800 件　在产品:200 件　　　　　单位:万元

成本项目		直接材料	直接人工	制造费用	合计
月初在产品成本		30.067	7.673 4	5.368 44	43.108 84
本月生产费用					
生产费用合计					
完工半成品	总成本				
	单位成本				
月末在产品成本					

会计主管　孙玲　　　　　　　复核　　　　　　制表　张涵

凭证 103-1

一车间半成品乙产量资料

单位:件

项目名称	半成品乙
月初在产品成本 23.219 56	直接材料 19.34　直接人工 2.285 6　制造费用 1.593 96
月初在产品	300
本月投产	1 000
本月完工	1 200
月末在产品	100
月末在产品完工率	50%
月末在产品投料率	100%
分配方法	采用约产量法计完工产品成本
本月累计转入二车间数量	1 200

凭证 103-2(要求自制)

乙产品成本计算单

乙期初在产品 300 件,本月投产 1 000 件　完工:1 200 件　在产品:100 件　　　　　　　　单位:万元

成本项目		直接材料	直接人工	制造费用	合计
月初在产品成本		19.34	2.285 6	1.593 96	23.219 56
本月生产费用					
生产费用合计					
完工半成品	总成本				
	单位成本				
月末在产品成本					

会计主管　孙玲　　　　　　　复核　　　　　　　制表　张涵

凭证 104-1

二车间丙产品产量资料

单位:件

项目名称	丙产品
月初在产品成本 83.340 7 7	直接材料 73.818 4　直接人工 5.074 3　制造费用 4.448 07
月初在产品数量	400
本月投产	800
本月完工入库	1 000
月末在产品	200
月末在产品完工率	50%
月在产品投料率	100%
分配方法	采用约产量法计算完工产品成本

凭证 104-2(要求自制)

丙产品成本计算单

丙期初在产品 400 件,本月投产 800 件　完工:1 000 件　在产品:200 件　　　　　　　　单位:万元

成本项目		直接材料	直接人工	制造费用	合计
月初在产品成本		73.818 4	5.074 3	4.448 07	83.340 77
上步转入费用		113.693 6			113.693 6
本月生产费用					
生产费用合计					
完工产品	总成本				
	单位成本				
月末在产品成本					

会计主管　孙玲　　　　　　　复核　　　　　　　制表　张涵

凭证 104-3(要求自制)

完工产品成本

2017年12月31日   编号

编号	名称规格	单位	入库数量	直接材料	直接人工	制造费用	总成本	单位成本
1	丙产品	件						
合计								

会计主管:孙玲　　　仓库主管:　　　仓库保管:　　　经发:　　　制单:张涵

凭证 105-1

二车间丁产品产量资料

单位:件

项目名称	丁产品
月初在产品成本 37.309 03	直接材料 30.088　直接人工 3.671 7　制造费用 3.549 33
月初在产品数量	200
本月投产	1 200
本月完工入库	1 000
月末在产品	400
月末在产品完工率	50%
月末在产品投料率绿	100%
分配方法	采用约产量法计算完工产品成本

凭证 105-2(要求自制)

丁产品成本计算单

丁期初在产品 200 件,本月投产 1 200 件　完工:1 000 件　在产品:400 件　　　单位:万元

成本项目		直接材料	直接人工	制造费用	合计
月初在产品成本		30.088	3.671 7	3.549 33	37.309 03
上步转入费用		117.24			117.24
本月生产费用					
生产费用合计					
完工产品	总成本				
	单位成本				
月末在产品成本					

会计主管　孙玲　　　　　　复核　　　　　　制表　张涵

凭证 105－3(要求自制)

完工产品成本

2017 年 12 月 31 日 单位:万元 编号

编号	名称规格	单位	入库数量	直接材料	直接人工	制造费用	总成本	单位成本
2	丁产品	件						
合计								

会计主管:孙玲　　仓库主管:　　仓库保管:　　经发:　　制单:张涵

凭证 106(要求自制)

丙产品销售成本计算表

单位:万元

产品名称	单位	月初结成 数量	月初结成 总成本	本月入库 数量	本月入库 总成本	本月销售 数量	本月销售 总成本	期末结成 数量	期末结成 总成本
丙产品	件	300	69.36	1 000		1 200		100	
计算过程	销售成本＝							备注	
	结存存货＝								

凭证 107(要求自制)

丁产品销售成本计算表

单位:万元

产品名称	单位	月初结成 数量	月初结成 总成本	本月入库 数量	本月入库 总成本	本月销售 数量	本月销售 总成本	期末结成 数量	期末结成 总成本
丁产品	件	201	34.732 8	1 000		1 000		200	
计算过程	盘亏转出＝							备注	盘亏1件 1 728 元
	销售成本＝								
	结成存货＝								

凭证 108

长期借款计息

单位:万元

借款时间	2014 年 7 月 1 日
到期时间	2019 年 6 月 30 日
本金	2 000
付息方式	按年付息
利率	7.5%
本月计提利息	2 000×7.5%÷12＝12.5 万
资本化金额	0
费用化金额	12.5 万

凭证 109-1

工程竣工验收单

工程名称		仓库		
工程地址				
施工方	山河公司	验收时间	2017年12月31日	
验收项目				
序号	验收项目名称	验收结果		
1		□合格		□不合格
2		□合格		□不合格
3		□合格		□不合格
4		□合格		□不合格
5		□合格		□不合格
验收意见		合格		
验收人员会签栏		合格		
验收单位意见		合格,验收通过		

凭证 109-2

固定资产移交生产验收单

保管使用部门　　　　　　2017年12月31日

固定资产编号	固定资产名称	规格型号	计量单位	数量	原值	预计使用年限	制造厂商或施工方式
	仓库				440万元	20年	
固定资产管理部门意见			财会部门验收意见		使用保管验收签章		

固定资产管理部门负责人：　　　　项目负责人：　　　　制单:张涵

凭证 110（要求自制）

其他权益工具投资

时间	2017 年 12 月 31 日（周五）
股票代码	0800××
股票名称	三峡公司
股票数量	100000 股
每股市价	9.01 元
公允价值	90.1（万元）
计税基础	80.1（万元）
账面价值	90.1（万元）
应纳税（可抵扣）暂时性差异	
递延所得税负债（资产）	
借（贷）其他综合收益	

凭证 111-1

认证结果通知书

武汉光谷有限公司：

　　你单位于 2017 年 12 月报送的增值税专用发票抵扣联共××份。

　　经过认证，认证相符的增值税专用发票 11 份，税额 537 007 元。认证异常的增值税专用发票 0 份，税额 0 元。

　　现将认证相符的专用发票抵扣联退还给你单位，请查收。认证异常的增值税专用发票抵扣联暂留我局检查。

　　请将认证相符增值税专用发票抵扣联与本通知书一起装订成册，作为税务检查的备查资料。认证详细情况见本通知所附清单。

武汉市东湖国家税务局
2017 年 12 月 30 日

凭证 111-2（要求自制）

本月应交增值税计算表

2017 年 12 月 31 日　　　　　　　　　　　　　　　　　　　单位：元

本月销项税额	本月进项税额	本月进项税额转出	本月应交增值税

会计主管：孙玲　　　　　　制单：张涵

凭证 111 - 3(要求自制)

2017年12月增值税纳税申报表(适用一般纳税人)

	项　　目	栏次(下月申报时填写)
销售额	(一)按适用税率征税货物及劳务销售额	1
	其中:应税货物销售额	2
	应税劳务销售额	3
	纳税检查调整的销售额	4
	(二)按简易征收办法征税货物销售额	5
	其中:纳税检查调整的销售额	6
	(三)免、抵、退办法出口货物销售额	7
	(四)免税货物及劳务销售额	8
	其中:免税货物销售额	9
	免税劳务销售额	10
税款计算	销项税额	11
	进项税额	12
	上期留抵税额	13
	进项税额转出	14
	免抵退货物应退税额	15
	按适用税率计算的纳税检查应补缴税额	16
	应抵扣税额合计	17＝12＋13－14－15＋16
	实际抵扣税额	18(如17＜11,则为17,否则为11)
	应纳税额	19＝11－18
	期末留抵税额	20＝17－18
	简易征收办法计算的应纳税额	21
	按简易征收办法计算的纳税检查应补缴税额	22
	应纳税额减征额	23
	应纳税额合计	24＝19＋21－23
税款缴纳	期初未缴税额(多缴为负数)	25
	实收出口开具专用缴款书退税额	26
	本期已缴税额	27＝28＋29＋30＋31
	① 分次预缴税额	28
	② 出口开具专用缴款书预缴税额	29
	③ 本期缴纳上期应纳税额	30
	④ 本期缴纳欠缴税额	31
	期末未缴税额(多缴为负数)	32＝24＋25＋26－27
	其中:欠缴税额(≥0)	33＝25＋26－27
	本期应补(退)税额	34＝24－28－29
	即征即退实际退税额	35
	期初未缴查补税额	36
	本期入库查补税额	37
	期末未缴查补税额	38＝16＋22＋36－37

凭证 112－1

建设银行存款余额调节表

2017 年 12 月 31 日　　　　　　　　　　　　　　　　　　　　　　单位:元

银行存款日记账余额 2 050 500.02	银行对账单余额 2 050 500.02
加:银行已收企业未收款	加:企业已收银行未收款
减:银行已付企业未付款	减:企业已付银行未付款
调节后余额　　2 050 500.02	调节后余额　　2 050 500.02

凭证 112－2

银行存款日记账——工行

2017 年		凭证		摘要	结算凭证		借方	贷方	余额
月	日	字	号		种类	号数			
12	21			支付污水处理费				3 200.00	5 093 958.18
12	24			代垫运输费用				5 000.00	5 088 958.18
12	27			发放股利				3 000 000.00	2 088 958.18
12	31			发放年终奖金				263 167.20	1 825 790.98
12	31			缴纳工会经费				17 828.00	1 807 962.98
12	31			报销培训费用				22 285.00	1 785 677.98

凭证 112－3

中国工商银行对账单

账户:武汉光谷　　　　　　　　　　　　　　　　　　　　　　账号:

2013 年		凭证		摘要	结算凭证		借方	贷方	余额
月	日	字	号		种类	号数			
12	30			支付污水处理费			3 200.00		5 093 958.18
12	30			代垫运输费用			5 000.00		5 088 958.18
12	30			发放股利			3 000 000.00		2 088 958.18
12	30			发放年终奖金			263 167.20		1 825 790.98
12	30			缴纳工会经费			17 828.00		1 807 962.98
12	30			报销培训费用			22 285.00		1 785 677.98
12	30			支付托收货款			200 000.00		1 585 677.98
12	30			收到托收货款				300 000	1 885 677.98

凭证 112－4(要求自制)

工商银行存款余额调节表

2017 年 12 月 31 日　　　　　　　　　　　　　　　　　　　　　　单位:元

银行存款日记账余额	银行对账单余额
加:银行已收企业未收款	加:企业已收银行未收款
减:银行已付企业未付款	减:企业已付银行未付款
调节后余额	调节后余额

凭证112－5(要求自制)

附加税(费)纳税申报表

纳税人识别号 | 4 | 2 | 0 | 0 | 4 | 4 | 4 | 4 | 4 | 6 | 6 | 6 | 6 | 6 |

纳税人名称:(公章)

税款所属期限:自 2017 年 12 月 1 日至 2017 年 12 月 31 日

填表日期:2018 年 1 月 15 日　　　　　　　　金额单位:元(列至角分)

计税依据 (计征依据)		计税金额	税率 (征收率)	本期应 纳税额	本期已 缴税额	本期应补 (退)税额
		1	2	3=1×2	4	5=3-4
城市维护 建设税	增值税		7%			
	消费税		7%			
	合计		—			
教育费附加	增值税		3%			
	消费税		3%			
	合计		—			
地方教育 附加	增值税		2%			
	消费税		2%			
	合计		—			
堤防维护费	增值税		2%			
	消费税		2%			
	合计		—			

纳税人或代理人声明:此纳税申报表是根据国家税收法律的规定填报的,我确信它是真实的、可靠的、完整的。	如纳税人填报,由纳税人填写以下各栏				
	经办人(签章)	会计主管(签章)	孙玲	法定代表人(签章)	郝运
	如委托代理人填报,由代理人填写以下各栏				
	代理人名称			代理人 (公章)	
	经办人(签章)				
	联系电话				

凭证112－6(要求自制)

附加税(费)计算表

2017 年 12 月 31 日

应税项目	计税依据(增值税)	税(费)率	应纳税(费)额
城市维护建设税			
教育费附加			
地方教育附加			
堤防维护费			
合计			

会计主管:孙玲　　　　　　　　　　　　　制单:张涵

凭证 113（要求自制）

2017年12月收入利得科目汇总表

序号	收入利得	金额
1	主营业务收入	
2	其他业务收入	
3	投资收益	
4	其他收益	
5	营业外收入	
合计		

凭证 114（要求自制）

2017年12月费用损失科目汇总表

序号	费用损失	金额
1	主营业务成本	
2	其他业务成本	
3	税金及附加	
4	信用减值损失	
5	财务费用	
6	管理费用	
7	销售费用	
8	营业外支出	
9	公允价值变动损益	
10	资产处置损益	
合计		

凭证 115－1

计提本月应预交的企业所得税

项目	本月数	本年累计数
利润总额	1 160 000	791 039
加：特定业务计算的应纳税所得额		
减：不征税收入和税基减免应纳税所得额	428 830	428 830
固定资产加速折旧		
弥补以前年度亏损		
实际利润额	731 170	7 481 560
税率（25%）		
应纳所得税额	182 792.5	1 870 390

凭证 115-2(要求自制)

中华人民共和国企业所得税月(季)度预缴纳税申报表(A 类)

所属期限 2017 年 12 月

行次	项　目	本期金额	累计金额
1	一、按照实际利润额预缴		
2	营业收入		
3	营业成本		
4	利润总额		
5	加:特定业务计算的应纳税所得额		
6	减:不征税收入和税基减免应纳税所得额(请填附表1)		
7	固定资产加速折旧(扣除)调减额(请填附表2)		
8	弥补以前年度亏损		
9	实际利润额(4行+5行-6行-7行-8行)		
10	税率(25%)		
11	应纳所得税额		
12	减:减免所得税额		
13	减:实际已预缴所得税额	——	
14	减:特定业务预缴(征)所得税额		
15	应补(退)所得税额(11行-12行-13行-14行)		
16	减:以前年度多缴在本期抵缴所得税额		
17	本期实际应补(退)所得税额		
18	二、按照上一纳税年度应纳税所得额平均额预缴		
19	上一纳税年度应纳税所得额		——
20	本月(季)应纳税所得额(19行×1/4或1/12)		
21	税率(25%)		
22	本月(季)应纳所得税额(20行×21行)		
23	减:减免所得税额(请填附表3)		
24	本月(季)实际应纳所得税额(22行-23行)		
25	三、按照税务机关确定的其他方法预缴		
26	本月(季)确定预缴的所得税额		
27	总分机构纳税人		
28	总机构	总机构应分摊所得税额		
29		财政集中分配所得税额		
30		分支机构应分摊所得税额		
31		其中:总机构独立经营部门应分摊所得税额		
32	分支机构	分配比例		
33		分配所得税额		

谨声明:此纳税申报表是根据《中华人民共和国企业所得税法》、《中华人民共和国企业所得税法实施条例》和国家有关税收规定填报的,是真实的、可靠的、完整的。

法定代表人(签字):郝运　　　2018 年 1 月 15 日

凭证 116-1(要求自制)

中华人民共和国企业所得税年度纳税申报表(A 类)A100000(2018 年填报)

行次	类别	项　目	金　额
1	利润总额计算	一、营业收入(填写 A101010\101020\103000)	
2		减:营业成本(填写 A102010\102020\103000)	
3		营业税金及附加	
4		销售费用(填写 A104000)	
5		管理费用(填写 A104000)	
6		财务费用(填写 A104000)	
7		资产减值损失	
8		加:公允价值变动收益	
9		投资收益	
10		二、营业利润(1-2-3-4-5-6-7+8+9)	
11		加:营业外收入(填写 A101010\101020\103000)	
12		减:营业外支出(填写 A102010\102020\103000)	
13		三、利润总额(10+11-12)	
14	应纳税所得额计算	减:境外所得(填写 A108010)	
15		加:纳税调整增加额(填写 A105000)	
16		减:纳税调整减少额(填写 A105000)	
17		减:免税、减计收入及加计扣除(填写 A107010)	
18		加:境外应税所得抵减境内亏损(填写 A108000)	
19		四、纳税调整后所得(13-14+15-16-17+18)	
20		减:所得减免(填写 A107020)	
21		减:抵扣应纳税所得额(填写 A107030)	
22		减:弥补以前年度亏损(填写 A106000)	
23		五、应纳税所得额(19-20-21-22)	
24	应纳税额计算	税率(25%)	
25		六、应纳所得税额(23×24)	
26		减:减免所得税额(填写 A107040)	
27		减:抵免所得税额(填写 A107050)	
28		七、应纳税额(25-26-27)	
29		加:境外所得应纳所得税额(填写 A108000)	
30		减:境外所得抵免所得税额(填写 A108000)	
31		八、实际应纳所得税额(28+29-30)	
32		减:本年累计实际已预缴的所得税额	
33		九、本年应补(退)所得税额(31-32)	
34		其中:总机构分摊本年应补(退)所得税额(填写 A109000)	
35		财政集中分配本年应补(退)所得税额(填写 A109000)	
36		机构主体生产经营部门分摊本年应补(退)所得税额(填写 A109000)	
37	附列资料	以前年度多缴的所得税额在本年抵减额	
38		以前年度应缴未缴在本年入库所得税额	

凭证 116－2(要求自制)

纳税调整项目明细表 A105000

行次	项　目	账载金额 1	税收金额 2	调增金额 3	调减金额 4
1	一、收入类调整项目(2＋3＋4＋5＋6＋7＋8＋10＋11)	*	*		
2	（一）视同销售收入(填写 A105010)	*			*
3	（二）未按权责发生制原则确认的收入(填写 A105020)				
4	（三）投资收益(填写 A105030)				
5	（四）按权益法核算长期股权投资对初始投资成本调整确认收益	*	*	*	
6	（五）交易性金融资产初始投资调整	*	*		*
7	（六）公允价值变动净损益		*		
8	（七）不征税收入	*	*		
9	其中:专项用途财政性资金　　（填写 A105040)	*	*		
10	（八）销售折扣、折让和退回				
11	（九）其他				
12	二、扣除类调整项目(13＋14＋15＋16＋17＋18＋19＋20＋21＋22＋23＋24＋26＋27＋28＋29)	*	*		
13	（一）视同销售成本(填写 A105010)	*		*	
14	（二）职工薪酬(填写 A105050)				
15	（三）业务招待费支出				*
16	（四）广告费和业务宣传费支出　　（填写 A105060)	*	*		
17	（五）捐赠支出(填写 A105070)				*
18	（六）利息支出				
19	（七）罚金、罚款和被没收财物的损失		*		*
20	（八）税收滞纳金、加收利息		*		*
21	（九）赞助支出		*		*
22	（十）与未实现融资收益相关在当期确认的财务费用				
23	（十一）佣金和手续费支出				*
24	（十二）不征税收入用于支出所形成的费用	*	*		*

(续表)

行次	项 目	账载金额	税收金额	调增金额	调减金额
		1	2	3	4
25	其中:专项用途财政性资金用于支出所形成的费用(填写 A105040)	*	*		*
26	(十三)跨期扣除项目				
27	(十四)与取得收入无关的支出		*		*
28	(十五)境外所得分摊的共同支出	*	*		*
29	(十六)其他				
30	三、资产类调整项目(31+32+33+34)	*	*		
31	(一)资产折旧、摊销(填写 A105080)				
32	(二)资产减值准备金		*		
33	(三)资产损失(填写 A105090)				
34	(四)其他				
35	四、特殊事项调整项目(36+37+38+39+40)	*	*		
36	(一)企业重组(填写 A105100)				
37	(二)政策性搬迁(填写 A105110)	*	*		
38	(三)特殊行业准备金(填写 A105120)				
39	(四)房地产开发企业特定业务计算的纳税调整额(填写 A105010)	*			
40	(五)其他	*	*		
41	五、特别纳税调整应税所得	*	*		
42	六、其他	*	*		
43	合计(1+12+30+35+41+42)	*	*		

凭证 116-3(要求自制)

计提汇算清缴时应补缴的企业所得税

全年实现利润	791.039
纳税调增:	21
纳税调减:	42.883
应纳所得税额	769.156
应纳所得税	192.289
全年预缴所得税	187.039
需补缴所得税	5.25

凭证117(要求自制)

结转所得税费用

序号	项目	金额
1	当期所得税费用	
2	递延所得税费用	
合计	结转所得税费用	

凭证118(要求自制)

2017年计提盈余公积

单位:万元

行次	项目	金额
1	盈余公积的计提基数	
2	10%计提法定盈余公积	
3	10%计提任意盈余公积	

会计主管 孙玲　　　复核 李冰　　　制表 张涵

凭证119(要求自制)

2017年本年实现净利润

单位:万元

行次	项目	金额
1	1—11月实现净利润	
2	12月实现净利润	
3	累计实现净利润	

会计主管 孙玲　　　复核 李冰　　　制表 张涵

凭证120(要求自制)

2017年利润分配其他明细科目余额

单位:万元

行次	项目	金额
1	提取法定盈余公积	
2	提取任意盈余公积	
3	应付现金股利或利润	
4	转作股本的股利	
5	盈余公积补亏	

会计主管 孙玲　　　复核 李冰　　　制表 张涵

四、年终决算

(一) 实训项目清单

序号	项目	备注
1	建账	总账、日记账、明细账
2	编制记账凭证	通用记账凭证
3	编制科目汇总表	4份
4	登记账簿	总账、日记账、明细账
5	产品生产成本计算表	2张
6	银行存款余额调节表	2份
7	总账发生额与余额试算平衡表	1份
8	结账	月结、年结
9	编制资产负债表	2017年12月31日
10	编制利润表	2017年12月和2017年
11	编制现金流量表	2017年12月和2017年
12	编制所有者权益变动表	2017年
13	增值税、附加税、地方税纳税申报表	12月
14	企业所得税月(季)度预缴纳税申报表	12月
15	企业所得税年度纳税申报表	2017年
16	熟悉审计报告和鉴证报告	2017年
17	编制财务决算报告	2017年
18	熟悉编制合并报表	2017年
19	熟悉编制小企业财务报表	3张
20	编制实习报告或者参加实训答辩	报告2000字或者2次答辩

(二) 2017年12月(上旬;中旬;下旬)科目汇总表

单位:元

科目名称	借方发生额	贷方发生额	记账	科目名称	借方发生额	贷方发生额	记账
库存现金				应付票据			
银行存款				应付账款			
其他货币资金				应付职工薪酬			
交易性金融资产				应交税费			
应收票据				应付利息			
应收账款				应付股利			
预付账款				其他应付款			
应收利息				长期借款			
其他应收款				递延所得税负债			
坏账准备				实收资本			
材料采购				其他综合收益			

(续表)

科目名称	借方发生额	贷方发生额	记账	科目名称	借方发生额	贷方发生额	记账
原材料				盈余公积			
材料成本差异				本年利润			
库存商品				利润分配			
周转材料				生产成本			
债权投资				制造费用			
其他权益工具投资				主营业务收入			
长期股权投资				公允价值变动损益			
固定资产				投资收益			
累计折旧				主营业务成本			
在建工程				税金及附加			
固定资产清理				销售费用			
无形资产				管理费用			
累计摊销				财务费用			
递延所得税资产				信用减值损失			
待处理财产损溢				营业外支出			
短期借款				所得税费用			
资产处置损益				合计发生额			—

（三）2017年12月发生额与余额试算平衡表

单位：元

总账科目	期初余额 借方	期初余额 贷方	本期发生额 借方	本期发生额 贷方	期末余额 借方	期末余额 贷方
库存现金						
银行存款						
其他货币资金						
交易性金融资产						
应收票据						
应收账款						
预付账款						
应收利息						
其他应收款						
坏账准备						
材料采购						
原材料						
材料成本差异						
库存商品						
周转材料						

(续表)

总账科目	期初余额 借方	期初余额 贷方	本期发生额 借方	本期发生额 贷方	期末余额 借方	期末余额 贷方
债权投资						
其他权益工具投资						
长期股权投资						
固定资产						
累计折旧						
在建工程						
固定资产清理						
无形资产						
累计摊销						
递延所得税资产						
待处理财产损溢						
短期借款						
应付票据						
应付账款						
应付职工薪酬						
应交税费						
应付利息						
应付股利						
其他应付款						
长期借款						
递延所得税负债						
实收资本						
其他综合收益						
盈余公积						
本年利润						
利润分配						
生产成本						
制造费用						
主营业务收入						
公允价值变动损益						
投资收益						
主营业务成本						
税金及附加						
销售费用						
管理费用						
财务费用						
信用减值损失						
资产处置损益						
营业外支出						

（四）武汉光谷机械有限公司资产负债表

单位：元

项　目	2014.12.31	2015.12.31	2016.12.31	2017.12.1	2017.12.31
货币资金	2 060 000	4 020 000	5 040 000	4 413 225.2	
交易性金融资产	0	0	0	530 000	
应收票据	11 209 000	7 568 000	9 833 200	10 059 291	
应收账款	3 960 000	5 940 000	9 900 000	16 557 200	
应收利息	0	0	0	0	
其他应收款	25 000	25 000	25 000	25 000	
存货	2 760 000	2 980 000	3 560 000	3 592 386	
流动资产合计	20 014 000	20 533 000	28 388 200	35 177 102.2	
其他权益工具投资	0	0	0	0	
债权投资	0	0	0	480 500	
长期股权投资	0	5 500 000	5 660 000	5 660 000	
固定资产	42 072 000	39 144 000	36 444 800	33 768 200	
在建工程	0	0	0	2 400 000	
无形资产	4 704 000	4 608 000	4 512 000	4 424 000	
递延所得税资产	10 000	15 000	25 000	25 000	
长期资产合计	46 786 000	49 267 000	46 611 800	46 757 700	
资产总计	66 800 000	69 800 000	75 000 000	81 934 802.2	
短期借款	0	0	0	1 000 000	
应付票据	1 600 000	929 695	746 640	1 309 577	
应付账款	1 244 640	960 945	1 200 000	1 663 072.7	
应付职工薪酬	783 360	783 360	783 360	813 360	
应交税费	422 000	576 000	720 000	636 000	
应付利息	750 000	750 000	750 000	650 000	
流动负债合计	4 800 000	4 000 000	4 200 000	6 072 009.7	
长期借款	20 000 000	20 000 000	20 000 000	20 000 000	
递延所得税负债	0	0	0	0	
长期负债合计	20 000 000	20 000 000	20 000 000	20 000 000	
负债合计	24 800 000	24 000 000	24 200 000	26 072 009.7	
实收资本	40 000 000	40 000 000	40 000 000	40 000 000	
其他综合收益	0	0	0	0	
盈余公积	400 000	1 160 000	2 160 000	2 160 000	
未分配利润	1 600 000	4 640 000	8 640 000	13 702 792.5	
权益合计	42 000 000	45 800 000	50 800 000	55 862 792.5	
负债和权益合计	66 800 000	69 800 000	75 000 000	81 934 802.2	

（五）武汉光谷机械有限公司利润表

单位：元

项 目	2015 年	2016 年	2017.1—11	2017.12	2017 年
一、营业收入	41 409 200	43 424 800	38 490 000		
减：营业成本	30 831 000	31 217 300	25 178 400		
税金及附加	672 000	700 000	689 110		
销售费用	1 069 500	1 398 500	913 500		
管理费用	1 969 700	2 026 000	3 625 100		
财务费用	1 567 000	1 598 000	1 361 000		
加：投资收益	0	160 000	−500		
公允价值变动收益	0	0	30 000		
信用减值损失	−20 000	−40 000	0		
资产减值损失	0	0	0		
资产处置收益	0	0	0		
二、营业利润	5 280 000	6 605 000	6 752 390		
加：营业外收入	0	0	0		
减：营业外支出	80 000	115 000	2 000		
三、利润总额	5 200 000	6 490 000	6 750 390		
减：所得税费用	1 400 000	1 490 000	1 687 597.5		
四、净利润	3 800 000	5 000 000	5 062 792.5		
五、其他综合收益					
六、综合收益总额					

（六）武汉光谷机械有限公司现金流量表

单位：元

项 目	2015	2016	2017.1—11	2017.12	2017
一、经营活动产生的现金流量：					
销售商品、提供劳务收到的现金	50 089 764	44 541 816	38 010 409		
收到其他与经营活动有关的现金					
购买商品、接受劳务支付的现金	23 749 484	23 289 540	17 608 328.8		
支付给职工以及为职工支付的现金	9 715 440	10 272 140	9 482 067		
支付的各项税费	7 004 840	7 502 336	7 198 465		
支付其他与经营活动有关的现金	600 000	560 000	438 073		
经营活动产生的现金流量净额	9 020 000	2 917 800	3 283 475.2		

(续表)

项　目	2015	2016	2017.1—11	2017.12	2017
二、投资活动产生的现金流量：					
收回投资收到的现金					
取得投资收益收到的现金					
处置长期资产收回的现金净额		43 200			
购建长期资产支付的现金		351 000	2 429 250		
投资支付的现金	5 500 000		981 000		
投资活动产生的现金流量净额	−5 500 000	−307 800	−3 410 250		
三、筹资活动产生的现金流量：					
吸收投资收到的现金					
取得借款收到的现金	2 000 000	3 000 000	1 000 000		
偿还债务支付的现金	2 000 000	3 000 000			
分配股利、利润或偿付利息支付的现金	1 560 000	1 590 000	1 500 000		
筹资活动产生的现金流量净额	−1 560 000	−1 590 000	−500 000		
四、汇率变动对现金及现金等价物的影响					
五、现金及现金等价物净增加额	1 960 000	1 020 000	−626 774.8		
净利润	3 800 000	5 000 000	5 062 792.5		
加：资产减值准备	20 000	40 000			
固定资产折旧	2 928 000	2 928 000	2 701 600		
无形资产摊销	96 000	96 000	88 000		
处置长期资产的损失		28 000			
公允价值变动损失			−30 000		
财务费用(收益以"−"号填列)	1 560 000	1 590 000	1 400 000		
投资损失(收益以"−"号填列)		−160 000	500		
递延所得税资产减少（增加以"−"号填列）	−5 000	−10 000			
递延所得税负债增加（减少以"−"号填列）					
存货的减少(增加以"−"号填列)	−220 000	−580 000	−32 386		
经营性应收项目的减少（增加以"−"号填列）	1 641 000	−6 265 200	−6 883 291		
经营性应付项目的增加（减少以"−"号填列）	−800 000	251 000	976 259.7		
经营活动产生的现金流量净额	9 020 000	2 917 800	3 283 475.2		

列报经营活动现金流量有两种方法。直接法,以利润表中的营业收入为起算点,调节与经营活动有关的项目的增减变动,然后计算出经营活动产生的现金流量。间接法,将净利润调节为经营活动现金流量,实际上就是将按权责发生制原则确定的净利润调整为现金净流入,并剔除投资活动和筹资活动对现金流量的影响。

采用工作底稿法编制现金流量表,是以工作底稿为手段,以资产负债表和利润表数据为基础,对每一项目进行分析并编制调整分录,从而编制现金流量表。采用T型账户法编制现金流量表,是以T型账户为手段,以资产负债表和利润表数据为基础,对每一项目进行分析并编制调整分录,从而编制现金流量表。在调整分录中,有关现金及现金等价物的事项,并不直接借或贷记现金,而是分别计入"经营活动产生的现金流量""投资活动产生的现金流量""筹资活动产生的现金流量"等项目,借记表明现金流入,贷记表明现金流出。

现金流量表的传统编制方法主要有工作底稿法和T型账户法,由于没有平时的数据积累,故年末编表工作量较大,加之报表数据繁杂,调整分录的准确性值得怀疑。一般采用简易的编制方法。分析填列法是直接根据资产负债表、利润表和有关会计科目明细账的记录,分析计算出现金流量表各项目的金额,并据以编制现金流量表的一种方法。第一步,根据资产负债表上货币资金期末数和期初数(一般企业很少有现金等价物),确定"现金及现金等价物的净增加额";第二步,确定主表的"筹资活动产生的现金流量净额"和"投资活动产生的现金流量净额";第三步,倒挤出经营活动产生的现金流量净额;第四步,确定补充资料中的"经营活动产生的现金流量净额",验证经营活动产生的现金流量净额正确性;第五步,最后确定主表的"经营活动产生的现金流量净额"。

销售商品提供劳务收到的现金=销售收入和销项税额+应收账款本期减少额+应收票据本期减少额+预收款项本期增加额+(-)特殊调整业务;购买商品接受劳务支付的现金=销售成本和进项税额+应付账款本期减少额+应付票据本期减少额+预付款项本期增加额+存货本期增加额+(-)特殊调整业务。

日记账法,直接根据现金和银行存款日记账或者增设现金流量日记账编制现金流量表。现金和现金等价物之间的转换不属于现金流量。

编制说明:含税的水电作为购买付现,含税固定资产作为投资付现,含税服务作为经营活动其他付现,代扣代缴个人所得税作为工资付现,手续费作为经营活动其他付现,办公用品作为经营活动其他付现,盘亏存货作为购买付现,盘亏现金作为其他付现,利息收入冲减经营活动其他付现,代垫运费冲减经营活动销售收现。

(七)武汉光谷机械有限公司所有者权益变动表

单位:万元

2014权益变动表	实收资本	资本公积	其他综合收益	盈余公积	未分配利润	所有者权益合计
一、本年年初余额	4 000					4 000
二、综合收益					200	200
三、提取盈余公积				40	-40	0
四、对所有者分配						

(续表)

2014 权益变动表	实收资本	资本公积	其他综合收益	盈余公积	未分配利润	所有者权益合计
五、本年年末余额	4 000			40	160	4 200
2015 权益变动表	实收资本	资本公积	其他综合收益	盈余公积	未分配利润	所有者权益合计
一、本年年初余额	4 000			40	160	4 200
二、综合收益					380	380
三、提取盈余公积				76	－76	0
四、对所有者分配						
五、本年年末余额	4 000			116	464	4 580
2016 权益变动表	实收资本	资本公积	其他综合收益	盈余公积	未分配利润	所有者权益合计
一、本年年初余额	4 000			116	464	4 580
二、综合收益					500	500
三、提取盈余公积				100	－100	0
四、对所有者分配						
五、本年年末余额	4 000			216	864	5 080
2017 权益变动表	实收资本	资本公积	其他综合收益	盈余公积	未分配利润	所有者权益合计
一、本年年初余额						
二、综合收益						
三、提取盈余公积						
四、对所有者分配						
五、本年年末余额						

（八）审计报告

审计风险＝重大错报风险×检查风险；审计风险是指财务报表存在重大错报而注册会计师发表不恰当审计意见的可能性；重大错报风险是财务报表在审计前存在重大错报的可能性；检查风险是指某一认定存在错报，该错报单独或连同其他错报是重大的，但注册会计师未能发现这种错报的可能性。在既定的审计风险水平下，可接受的检查风险水平与认定层次重大错报风险的评估结果成反向关系。评估的重大错报风险越高，可接受的检查风险越低；评估的重大错报风险越低，可接受的检查风险越高。

总体审计程序包括风险评估程序、控制测试、实质性程序。审计差异内容按是否需要调整账户记录可分为建议调整的不符事项、不建议调整的不符事项重分类错误。

审计报告是指注册会计师根据中国注册会计师审计准则的规定，在实施审计工作的基础上对被审计单位财务报表发表审计意见的书面文件。一般目的审计报告分为标准审计报告和非标准审计报告。当注册会计师出具的无保留意见的审计报告不附加说明段、强调事项段或任何修饰性用语时，该报告称为标准审计报告。非标准审计报告包括带强调事项段的无保留意见的审计报告、保留意见的审计报告、否定意见的审计报告和无法表示意见的审计报告。

审 计 报 告

武汉光谷机械有限责任公司全体股东：

我们审计了后附的武汉光谷有限责任公司（以下简称光谷公司）财务报表，包括2017年12月31日的资产负债表，2017年度的利润表、股东权益变动表和现金流量表以及财务报表附注。

一、管理层对财务报表的责任

按照企业会计准则的规定编制财务报表是光谷公司管理层的责任。这种责任包括：(1) 设计、实施和维护与财务报表编制相关的内部控制，以使财务报表不存在由于舞弊或错误而导致的重大错报；(2) 选择和运用恰当的会计政策；(3) 做出合理的会计估计。

二、注册会计师的责任

我们的责任是在实施审计工作的基础上对财务报表发表审计意见。我们按照中国注册会计师审计准则的规定执行了审计工作。中国注册会计师审计准则要求我们遵守职业道德规范，计划和实施审计工作以对财务报表是否不存在重大错报获取合理保证。

审计工作涉及实施审计程序，以获取有关财务报表金额和披露的审计证据。选择的审计程序取决于注册会计师的判断，包括对由于舞弊或错误导致的财务报表重大错报风险的评估。在进行风险评估时，我们考虑与财务报表编制相关的内部控制，以设计恰当的审计程序，但目的并非对内部控制的有效性发表意见。审计工作还包括评价管理层选用会计政策的恰当性和做出会计估计的合理性，以及评价财务报表的总体列报。

我们相信，我们获取的审计证据是充分、适当的，为发表审计意见提供了基础。

三、审计意见

我们认为，武汉光谷公司财务报表已经按照企业会计准则的规定编制，在所有重大方面公允反映了光谷公司2017年12月31日的财务状况以及2017年度的经营成果和现金流量。

长江会计师事务所（盖章）   中国注册会计师：×××（签名并盖章）

                 中国注册会计师：×××（签名并盖章）

中国武汉市   2018年3月31日

（九）涉税鉴证报告

为完善注册税务师执业规范体系，明确涉税鉴证和涉税服务的业务标准，保障涉税中介服务当事人的合法权益，促进税收专业服务市场的健康发展，税务总局制定了《注册税务师涉税鉴证业务基本准则》和《注册税务师涉税服务业务基本准则》，自2010年1月1日起施行。涉税鉴证，是指鉴证人接受委托，凭借自身的税收专业能力和信誉，通过执行规定的程序，依照税法和相关标准，对被鉴证人的涉税事项做出评价和证明的活动。涉税鉴证业务包括纳税申报类鉴证、涉税审批类鉴证和其他涉税鉴证三种类型。

注册税务师承办的涉税鉴证业务包括：(1) 企业所得税汇算清缴纳税申报的鉴证。(2) 企业税前弥补亏损和财产损失的鉴证。(3) 国家税务总局和省税务局规定的其他涉税鉴证业务。

企业在报送企业所得税纳税申报表时，应当按照规定附送财务会计报告和其他有关资料，一般收入超过一千万的企业需要税务师事务所出具鉴证报告。财产损失，企业在进行企业所得税年度汇算清缴申报时，可将资产损失申报材料和纳税资料作为企业所得税年度纳税申报表的附件一并向税务机关报送。企业资产损失按其申报内容和要求的不同，分为清单申报和专项申报两种申报形式。其中，属于清单申报的资产损失，企业可按会计核算科目进行归类、汇总，然后再将汇总清单报送税务机关，有关会计核算资料和纳税资料留存备查；专项申报的财产损失需要税务师事务所出具鉴证报告。税收优惠。国家制定的各项税收优惠政策，凡未明确为审批事项的，均实行备案管理。列入事先备案的税收优惠，纳税人应向税务机关报送相关资料，提请备案，经税务机关登记备案后执行。审批类和金额较大的备案税收优惠项目可以委托税务师事务所出具鉴证报告。

(续表)

2017年度企业所得税汇算清缴纳税申报鉴证报告

××鉴字[××]××号

(委托人名称):武汉光谷机械有限责任公司

我们接受委托,对贵公司编制的2017年度企业所得税汇算清缴纳税申报表进行审核。贵公司的责任是及时提供企业所得税年度纳税申报表及与该项审核相关的证据资料,并保证其真实性、完整性。我们的责任是对企业所得税年度汇算清缴纳税申报所有重大事项的合法性、合规性和准确性发表鉴证意见。我们的审核依据是《中华人民共和国企业所得税法》及其实施条例等相关的法律、法规、规范性文件。在审核过程中,我们恪守独立、客观、公正的原则,按照《企业所得税汇算清缴纳税申报鉴证业务审核程序》的要求,实施了必要的审核程序。

贵公司2017年度的会计报表经××会计师事务所审计,并出具了×××[报告文号]的审计报告,审计后的会计报表反映贵公司2017年度利润总额791.039万元。

经审核,我们认为:贵公司2017年度纳税调整增加额21万元,纳税调整减少额42.883万元,纳税调整后所得769.156万元,应纳税所得769.156万元,应纳税额192.289万元,本年累计实际已预缴的所得税额187.039万元,本年应补(退)的所得税额5.25万元。

本鉴证报告仅供贵公司向主管税务机关办理企业所得税汇算清缴纳税申报时使用,不作其他用途。非法律、法规规定,鉴证报告的内容不得提供给其他单位或个人。

附件:1. 鉴证报告说明;
　　　2. 2017年度企业所得税纳税申报表(已审)
　　　3. 2017年度会计报表
　　　4. 税务师事务所执业资格证书复印件

汉江税务师事务所(盖章)　　　　　　　　　　　　中国注册税务师:(盖章)

地址:中国武汉　　　　　　　　　　　　　　　　　报告日期:2018年3月××日

(十) 财务分析

(1) 比率分析

财务分析的方法有很多种,主要包括趋势分析法、比率分析法、因素分析法。财务指标是指企业总结和评价财务状况和经营成果的相对指标。财务指标包括偿债能力指标、资产负债管理能力指标、盈利能力指标、成长能力指标与现金流量指标。财务综合分析的方法主要有两种:杜邦财务分析法和沃尔比重评分法。

杜邦财务分析体系是一种实用的财务分析体系,从评价企业绩效最具综合性和代表性的指标—净资产收益率出发,利用各主要财务比率指标间的内在有机联系,对企业财务状况及经济效益进行综合系统分析评价。杜邦体系各主要指标之间的关系如下:净资产收益率=销售净利率×总资产周转率×权益乘数

沃尔比重评分法的基本步骤:选择评价指标(流动比率、产权比率、固定资产比率、存货周转率、应收账款周转率、固定资产周转率和自有资金周转率)并分配指标权重;确定各项评价指标的标准值;对各项评价指标计分并计算综合分数;形成评价结果。

财务指标		计算公式
盈利能力	净资产收益率	=净利润/平均净资产
	总资产净利率	=净利润/平均资产总额
	毛利率	=(主营业务收入-主营业务成本)/主营业务收入
	销售净利率	=净利润/主营业务收入

(续表)

财务指标		计算公式
偿债能力	流动比率	=流动资产总额/流动负债总额
	速动比率	=(流动资产总额－存货)/流动负债总额
	现金比率	=经营活动现金流量/流动负债
	资产负债率	=负债总额/资产总额
	产权比率	=负债总额÷所有者权益
	利息保障倍数	=(利润总额＋利息费用)/利息费用
营运能力	应收账款周转率	=销售收入÷平均应收账款
	存货周转率	=主营业务成本/平均存货
	流动资产周转率	=主营业务收入/平均流动资产
	总资产周转率	=主营业务收入/平均资产总额
杜邦分析	权益净利率	=销售净利率×资产周转率×权益乘数
	销售净利率	=净利润÷销售收入
	资产周转率	=销售收入÷总资产
	权益乘数	=总资产÷股东权益

(2) 资产负债变动情况分析表

单位:元

资产	本期	上期	增(减)额	增(减)率(%)	负债权益		增(减)额	增(减)率(%)
流动资产					流动负债			
					非流动负债			
非流动资产					负债合计			
					所有权益			
资产总计					负债和权益总计			

(3) 利润表变动情况分析表

单位:元

项目	本期金额	上期金额	增(减)额	增(减)率(%)
一、营业收入				
减:营业成本				
税金及附加				
销售费用				
管理费用				
财务费用				

(续表)

项目	本期金额	上期金额	增(减)额	增(减)率(%)
加:投资收益				
公允价值收益				
信用减值损益				
资产减值损失				
资产处置收益				
二、营业利润				
加:营业外收入				
减:营业外支出				
三、利润总额				
减:所得税费用				
四、净利润				
五、其他综合收益				
六、综合收益				

(4) 现金流量表变动情况分析表

单位:元

项目	本期金额	上期金额	增(减)额	增(减)率(%)
一、经营活动产生的现金流量净额				
流入合计				
流出合计				
二、投资活动产生的现金流量净额				
流入合计				
流出合计				
三、筹资活动产生的现金流量净额				
流入合计				
流出合计				
四、现金及现金等价物净增加额				

五、编制合并报表

(一) 相关资料

(1) 子公司资产负债表

编制单位:东湖公司　　　　　　会企 01 表　2017 年 12.31　　　　　　单位:万元

资产	期初	期末	负债和权益	期初	期末
货币资金	136.5	167.5	应付票据	40	70
应收票据	30	60	应付账款	80	150
应收账款	118.8	198	应付职工薪酬	10	10
其他应收款			应交税费	2	7
存货	50	100	应付利息	18	18
流动资产合计	335.3	525.5	流动负债合计	150	255
长期投资			长期借款	300	300
固定资产	566.4	528	长期负债合计	300	300
在建工程			负债合计	450	555
无形资产	98	96	实收资本	500	500
开发支出			盈余公积	10	26
递延所得税资产	0.3	0.5	未分配利润	40	69
长期资产合计	664.7	624.5	所有者权益合计	550	595
资产总计	1 000	1 150	负债和权益合计	1 000	1 150

(2) 子公司利润表

编制单位:东湖公司　　　　　　会企 02 表　2017 年　　　　　　单位:万元

项　目	2016 年	2017 年
一、营业收入	600	640
减:营业成本	420	448
税金及附加	2.8	4.2
销售费用	30	15
管理费用	56	42
财务费用	20	20
加:投资收益	0	0
公允价值变动损益		
信用减值损失	−1.2	−0.8
资产减值损失	0	0

(续表)

项　目	2016年	2017年
资产处置收益	0	0
二、营业利润	70	110
加:营业外收入	0	0
减:营业外支出	0	0
三、利润总额	70	110
减:所得税费用	20	30
四、净利润	50	80
五、其他综合收益		
六、综合收益总额		

(3) 子公司现金流量表

编制单位:东湖公司　　　　　会企03表　2017年　　　　　单位:万元

项　目	2016年	2017年
一、经营活动产生的现金流量:		
销售商品、提供劳务收到的现金	516.2	638.8
购买商品、接受劳务支付的现金	285.7	319.8
支付给职工以及为职工支付的现金	120	120
支付的各项税费	40	70
支付其他与经营活动有关的现金	34	45
经营活动产生的现金流量净额	36.5	84
二、投资活动产生的现金流量:		
处置长期资产收回的现金净额	0	0
购建长期资产支付的现金	200	0
投资活动产生的现金流量净额	－200	0
三、筹资活动产生的现金流量:		
取得借款收到的现金	300	0
分配股利、利润或偿付利息支付的现金	0	53
筹资活动产生的现金流量净额	300	－53
五、现金及现金等价物净增加额	136.5	31
净利润	50	80
加:资产减值准备	1.2	0.8
固定资产折旧	33.6	38.4
无形资产摊销	2	2

(续表)

项　目	2016年	2017年
处置长期资产的损失	0	0
财务费用（收益以"－"号填列）	18	18
存货的减少（增加以"－"号填列）	－50	－50
递延所得税资产减少（增加以"－"号填列）	－0.3	－0.2
经营性应收项目的减少（增加以"－"号填列）	－150	－110
经营性应付项目的增加（减少以"－"号填列）	132	105
经营活动产生的现金流量净额	36.5	84

(4) 子公司所有者权益变动表

编制单位：东湖公司　　　　　　会企04表　2017年　　　　　　单位：万元

2016年	实收资本	盈余公积	未分配利润	所有者权益合计
一、本年年初余额	500	0	0	500
二、综合收益			50	50
三、提取盈余公积		10	－10	0
四、对所有者的分配				
五、本年年末余额	500	10	40	550
2017年	实收资本	盈余公积	未分配利润	所有者权益合计
一、本年年初余额	500	10	40	550
二、净利润			80	80
三、提取盈余公积		16	－16	0
四、对所有者的分配			－35	－35
五、本年年末余额	500	26	69	595

(5) 其他相关资料

合并财务报表是指由母公司编制的，将母子公司形成的企业集团作为一个会计主体，综合反映企业集团整体财务状况、经营成果和现金流量的报表。合并财务报表是在对纳入合并范围的企业的个别报表数据进行加总的基础上，结合其他相关资料，在合并工作底稿上通过编制抵销分录将企业集团内部交易的影响予以抵销之后形成的。在合并工作底稿中编制的调整分录和抵销分录，借记或贷记的均为财务报表项目，而不是具体的会计科目。调整分录和抵销分录包括：将子公司的账面价值调整为公允价值（非同一控制下企业合并）；将对子公司的长期股权投资由成本法调整为权益法；将母公司长期股权投资与子公司所有者权益抵消；将母公司与子公司、子公司相互之间持有对方长期股权投资的投资收益的抵销；抵消存货、固定资产、无形资产中包含的未实现内部销售利润的抵销。

母公司向子公司出售资产所发生的未实现内部交易损益，应当全额抵销"归属于母公司所有者的净利润"。子公司向母公司出售资产所发生的未实现内部交易损益，应当按照母公司对该子公司的分配比例在"归属于母公司所有者的净利润"和"少数股东损益"之间分配抵销。

2015年12月,光谷公司出资400万元,黄鹤公司出资100万元,共同组建东湖公司。拥有东湖公司80%股份,母子公司会计政策和会计期间一致。采用余额百分比法计提坏账准备,坏账百分比为1%。2016年东湖公司盈利50万元,2017年分红总额35万元,2017年光谷公司分得现金股利28万元,2017年东湖公司盈利80万元。

2016年年末,光谷公司将一批成本18万的产品卖给东湖公司作固定资产供车间使用,不含税售价24万元,使用年限10年,净残值率4%,月折旧率0.8%,款项已经结算。

东湖公司毛利率30%。东湖公司2016年销售产品给光谷公司价款100万元,当年收到17万元,光谷公司2016年剩余20%(20万元)未实现对外销售,2016年东湖公司内部应收账款100万元。东湖公司2017年又销售给光谷公司价款100万元,当年收到67万元,2017年剩余30万元未实现对外销售,2017年内部应收账款150万元。

合并抵消时,固定资产当期多计提的折旧转到存货的价值中,由于存货在本期对外销售,最终存货的价值又转到当期的销售成本中,即当期多计提的折旧最终反映到当期的销售成本中。

(二) 2016年调整抵消分录

(1) 成本法转化为权益法的调整分录,调整后长期股权投资项目为440万元。

借:长期股权投资	400 000	
贷:投资收益		400 000

(2) 内部存货交易的抵消:存货账面价值14万元小于计税基础20万元,形成可抵扣的暂时性差异6万元,确认递延所得税资产1.5万元。

借:营业收入	1 000 000	
贷:营业成本		940 000
存货		60 000
借:递延所得税资产	15 000	
贷:所得税费用		15 000

(3) 内部应收账款与应付账款的抵销:可抵扣的暂时性差异转回1万元,减少递延所得税资产0.25万元。

借:应付账款	1 000 000	
贷:应收账款		1 000 000
借:应收账款——坏账准备	10 000	
贷:信用减值损失		10 000
借:所得税费用	2 500	
贷:递延所得税资产		2 500

(4) 内部固定资产交易(顺流)的抵消:账面价值18万元小于计税基础24万元,形成可抵扣的暂时性差异6万元,确认递延所得税资产1.5万元。

借:营业收入	240 000	
贷:营业成本		180 000
固定资产——原价		60 000
借:递延所得税资产	15 000	

  贷:所得税费用   15 000

(5) 母公司长期股权投资与子公司所有者权益的抵消。

借:实收资本   5 000 000
  盈余公积   100 000
  未分配利润——年末   400 000
  贷:长期股权投资   4 400 000
    少数股东权益   1 100 000

(6) 母公司股权投资收益与子公司利润分配抵消。

借:投资收益   400 000
  少数股东损益   100 000
  未分配利润——年初   0
  贷:提取盈余公积   100 000
    对所有者(或股东)的分配   0
    未分配利润——年末   400 000

(7) 抵消逆流交易。

子公司的净利润减少=6-1.5-1+0.25=3.75(万元)

借:少数股东权益(3.75×20%)   7 500
  贷:少数股东损益   7 500

(8) 现金流量表的抵销。

借:购买商品、接受劳务支付的现金   170 000
  贷:销售商品、提供劳务收到的现金   170 000
借:购建固定资产、无形资产和其他长期资产支付的现金 28.08
  贷:销售商品、提供劳务收到的现金   28.08

(三) 2016 年工作底稿

单位:万元

2016 合并 工作底稿	母公司	子公司	合计	调整和抵消分录 借方	调整和抵消分录 贷方	少数股 东权益	合并数
应收账款	990	118.8	1 108.8	1	100		1 009.8
存货	356	50	406		6		400
长期股权投资	566	0	566	40	440		166
固定资产	3 644.48	566.4	4 210.88		6		4 204.88
递延所得资产	2.5	0.3	2.8	1.5+1.5	0.25		5.55
其他资产	1 941.02	264.5	2 205.52				2 205.52
资产总计	7 500	1 000	8 500	44	552.25		7 991.75
应付账款	120	80	200	100			100

(续表)

2016 合并工作底稿	母公司	子公司	合计	调整和抵消分录 借方	调整和抵消分录 贷方	少数股东权益	合并数
递延所得负债	0	0	0				0
其他负债	2 300	370	2 670				2 670
负债合计	2 420	450	2 870	100			2 770
实收资本	4 000	500	4 500	500			4 000
其他综合收益	0	0	0				0
盈余公积	216	10	226	10			216
未分配利润(见后)							896.5
归属母公司权益							5 112.5
少数股东权益						110−0.75	109.25
权益合计	5 080	550	5 630				5 221.75
负债和权益合计	7 500	1 000	8 500				7 991.75
营业收入	4 342.48	600	4 942.48	100+24			4 818.48
营业成本	3 121.73	420	3 541.73		94+18		3 429.73
信用减值损失	4	1.2	5.2		1		4.2
投资收益	16	0	16	40	40		16
营业外支出	11.5	0	11.5				11.5
其他开支	572.25	108.8	681.05				681.05
所得税费用	149	20	169	0.25	1.5+1.5		166.25
净利润	500	50	550	164.25	156		541.75
少数股东损益						10−0.75	9.25
母公司损益							532.5
年初未分配利润	464	0	464				464
提取盈余公积	100	10	110		10		100
对所有者的分配							0
年末未分配利润	864	40	904	40 204.25	40 206	9.25	896.5

(四) 2017 年调整抵消分录

(1) 成本法转化为权益法的调整分录,调整后长期股权投资余额项目为 476 万元。

借:长期股权投资　　　　　　　　　　　　　　400 000
　　贷:未分配利润——年初　　　　　　　　　　　　400 000
借:投资收益(35×80%)　　　　　　　　　　　280 000

贷:长期股权投资		280 000
借:长期股权投资(80×80%)		640 000
贷:投资收益		640 000

(2) 内部存货交易的抵消:期初差异6万元,本期账面价值21万元小于计税基础30万元,期末差异9万元,可抵扣的暂时性差异增加3万元,本期确认递延所得税资产0.75万元。

借:未分配利润——年初		60 000
贷:营业成本		60 000
借:递延所得税资产		15 000
贷:未分配利润——年初		15 000
借:营业收入		1 000 000
贷:营业成本		1 000 000
借:营业成本		90 000
贷:存货		90 000
借:递延所得税资产		7 500
贷:所得税费用		7 500

(3) 内部应收账款与应付账款的抵销:可抵扣的暂时性差异转回0.5万元。减少递延所得税资产0.125万元。

借:应收账款——坏账准备		10 000
贷:未分配利润——年初		10 000
借:未分配利润——年初		2 500
贷:递延所得税资产		2 500
借:应付账款		1 500 000
贷:应收账款		1 500 000
借:应收账款——坏账准备		5 000
贷:信用减值损失		5 000
借:所得税费用		1 250
贷:递延所得税资产		1 250

(4) 内部固定资产交易(顺流)的抵消:期初差异6万元,本期账面价值16.272万元小于计税基础21.696万元,期末差异5.424万元,可抵扣的暂时性差异减少0.576万元,冲销递延所得税资产0.144万元。

借:未分配利润——年初		60 000
贷:固定资产——原价		60 000
借:递延所得税资产		15 000
贷:未分配利润——年初		15 000
借:固定资产——累计折旧		5 760
贷:营业成本		5 760
借:所得税费用		1 440
贷:递延所得税资产		1 440

(5) 母公司长期股权投资与子公司所有者权益的抵销。

借:实收资本　　　　　　　　　　　　　　　　5 000 000
　　盈余公积　　　　　　　　　　　　　　　　 260 000
　　未分配利润——年末　　　　　　　　　　　 690 000
　　　贷:长期股权投资　　　　　　　　　　　　　　　　4 760 000
　　　　少数股东权益　　　　　　　　　　　　　　　　1 190 000

(6) 母公司股权投资收益与子公司利润分配抵消。

借:投资收益　　　　　　　　　　　　　　　　 640 000
　　少数股东损益　　　　　　　　　　　　　　 160 000
　　未分配利润——年初　　　　　　　　　　　 400 000
　　　贷:提取盈余公积　　　　　　　　　　　　　　　　 160 000
　　　　对所有者(或股东)的分配　　　　　　　　　　　 350 000
　　　　未分配利润——年末　　　　　　　　　　　　　 690 000

(7) 抵消逆流交易。

子公司的净利润减少＝－6＋9－0.75－0.5＋0.125＝1.875(万元)

借:少数股东权益(3.75×20%)　　　　　　　　 7 500
　　　贷:未分配利润——年初　　　　　　　　　　　　　 7 500
借:少数股东权益(1.875×20%)　　　　　　　　 3 750
　　　贷:少数股东损益　　　　　　　　　　　　　　　　 3 750

(8) 现金流量表的抵销。

借:购买付现　　　　　　　　　　　　　　　　 670 000
　　　贷:销售收现　　　　　　　　　　　　　　　　　　 670 000
借:分配股利、利润或偿付利息支付的现金　　　 280 000
　　　贷:取得投资收益收到的现金　　　　　　　　　　　 280 000

(五) 2017 年工作底稿

单位:万元

2017 合并工作底稿	母公司	子公司	合计	调整和抵消分录 借方	调整和抵消分录 贷方	少数股东权益	合并数
应收账款	1 485	198	1 683	1＋0.5	150		1 534.5
存货	286.842 2	100	386.842 2		9		377.842 2
长期股权投资	568	0	568	40＋64	28＋476		168
固定资产	3 813.02	528	4 341.02	0.576	6		4 335.596
递延所得资产	3.75	0.5	4.25	1.5＋0.75＋1.5	0.25＋0.125＋0.144		7.481
其他资产	2 243.387 8	323.5	2 566.887 8				2 566.887 8
资产总计	8 400	1 150	9 550	<u>109.826</u>	<u>669.519</u>		8 990.307

(续表)

2017 合并工作底稿	母公司	子公司	合计	调整和抵消分录 借方	调整和抵消分录 贷方	少数股东权益	合并数
应付账款	161.627 27	150	311.627 27	150			161.627 27
递延所得负债	2.5	0	2.5				2.5
其他负债	2 848.372 73	405	3 253.372 73				3 253.372 73
负债合计	3 012.5	555	3 567.5	150			3 417.5
实收资本	4 000	500	4 500	500			4 000
其他综合收益	7.5	0	7.5				7.5
盈余公积	336	26	362	26			336
未分配利润（见后）							1 111.432
归属母公司权益							5 454.932
少数股东权益						119−0.75 −0.375	117.875
权益合计	5 387.5	595	5 982.5				5 572.807
负债和权益合计	8 400	1 150	9 550				8 890.307
营业收入	4 490.280 4	640	5 130.280 4	100			5 030.280 4
营业成本	2 973.62	448	3 421.62	9	6+100 +0.576		3 324.044
信用减值损失	6	0.8	6.8		0.5		6.3
投资收益	52.683	0	52.683	28+64	64		24.683
营业外支出	29.2	0	29.2				29.2
其他开支	743.104 4	81.2	824.304 4				824.304 4
所得税费用	191.039	30	221.039	0.125+ 0.144	0.75		220.558
净利润	600	80	680	201.269	171.826		650.557
母公司损益							634.932
少数股东损益						16−0.375	15.625
年初未分配利润	864	40	904	6+0.25 +6+40	40+1.5 +1+1.5 +0.75		896.5
提取盈余公积	120	16	136		16		120
对所有者的分配	300	35	335		35		300
年末未分配利润	1 044	69	1113	69 322.519	69 336.576	15.625	1 111.432

附　录　小企业会计准则实训

一、账户期初余额

1. 银行存款:借方余额4 391 718,三栏式日记账,工商银行
2. 应收票据:借方余额1 886 000,三栏式明细账,东方公司1 000 000;南方公司886 000
3. 应收账款:借方余额4 000 000,三栏式明细账,中南公司3 000 000;西北公司1 000 000
4. 其他应收款:借方余额50 000,三栏式明细账,销售员30 000;采购员20 000
5. 在途物资:借方余额0,三栏式明细账,A、B、C
6. 原材料:借方余额151 300,数量金额式明细账,材料—A(生产甲)单价805;100件;金额80 500;材料—B(生产乙)单价708;100件;金额70 800;材料—C(生产丙和丁)金额0
7. 生产成本:借方余额392 315,多栏式明细账,甲期初在产品100件;直接材料77 600;直接人工17 160;制造费用7 449;合计102 209;本月投产600件;完工500件;期末在产品200件;乙期初在产品200件;直接材料241 200;直接人工34 390;制造费用14 516;合计290 106;本月投产400件;完工500件;期末在产品100件。
8. 制造费用:0,多栏式明细账
9. 库存商品:借方余额252 400,数量金额式,甲50件单价1 728合计86 400;乙100件单价1 660合计166 000
10. 长期股权投资:借方余额1 500 000,三栏式明细账,汉街公司1 500 000
11. 固定资产:借方余额600万元,三栏式明细账,房屋400万元(管理部门100万元;生产部门250万元;销售部门50万元);机器设备(生产部门)140万元,运输设备(管理部门)30万元;其他设备30万元(管理部门10万元;生产部门10万元;销售部门10万元)。净残值率4%。房屋年限20年;月折旧率0.4%;机器设备年限10年;月折旧率0.8%;运输设备和其他设备年限5年;月折旧率1.6%。
12. 累计折旧:贷方余额1 288 000,可以不设明细账
13. 固定资产清理:借方余额0,三栏式明细账
14. 无形资产:借方余额1 200 000,三栏式明细账,土地使用权,40年;
15. 累计摊销:贷方余额87 500,三栏式明细账
16. 短期借款:贷方余额2 000 000,三栏式明细账,建行2 000 000;
17. 应付票据:贷方余额45 890,三栏式明细账,华东公司20 000;华南公司25 890
18. 应付账款:贷方余额80 443,三栏式明细账,华北公司30443;华中公司50 000
19. 应付职工薪酬:贷方余额430 900,三栏式明细账,工资310 000;保险99 200;住房公积21 700;工会经费0;职工教育经费0;职工福利费0;保险,单位32%;个人11%;住房公积,单位7%;个人7%。公司职工100人;经理每人每月5 000元,一般人员3 000元。工资合计31万元。管理部门(3个经理;7个一般人员),销售部门(1个经理;6个一般人员),生产部门(1个经理;2个一般人员;48人生产甲产品;32人生产乙产品)。缴费基数和工资相等。工会经费2%;职工教育经费2.5%。

(续表)

20. 应交税费:贷方余额271 000,三栏式明细账,未交增值税150 000;应交城建税10 500;应交教育费附加4 500;应交地方教育附加3 000;应交堤防维护费3 000;应交企业所得税100 000;应交房产税0;应交土地税0;应交车船税0;应交个人所得税0;多栏式明细账,应交增值税0。房产税每年4.368万元,每月3 640元。两辆微型车年税额600元,车船税年税额600元。经理每人个税18元。土地面积1 200平方米,年税每平方米2元,每月土地使用税200元。
21. 应付利息:贷方余额0,三栏式明细账,短期借款0
22. 应付利润:贷方余额0,三栏式明细账
23. 实收资本:贷方余额6 000 000,三栏式明细账,个人资本6 000 000
24. 盈余公积:贷方余额1 099 000,三栏式明细账,法定盈余公积549 500;任意盈余公积549 500
25. 本年利润:贷方余额4 125 000,不设明细账
26. 利润分配:贷方余额4 396 000,三栏式,未分配利润:4 396 000
27. 主营业务收入:无余额,三栏式明细账
28. 投资收益:无余额,三栏式明细账
29. 主营业务成本:无余额,三栏式明细;
30. 税金及附加:无余额,多栏式明细账;城建税;教育费附加;地方教育附加;堤防维护费;排污费;印花税;房产税土地税车船税
31. 销售费用:无余额,多栏式明细账
32. 管理费用:无余额,多栏式明细账
33. 财务费用:无余额,多栏式明细账
34. 营业外支出:无余额,多栏式明细账
35. 所得税费用:无余额,三栏式明细账
总账余额19 823 733,期初资产18 448 233;负债2 828 233;权益15 620 000

二、模拟经济业务

(1) 2017年12月2日,购进A材料600件,单价760元,B材料400件,单价720元,购进C材料1 200件,单价495元,取得增值税专用发票,使用转账支票结算,材料采用实际成本核算。

借:在途物资——A材料　　　　　　　　　　　　　　　　456 000
　　　　　　——B材料　　　　　　　　　　　　　　　　288 000
　　　　　　——C材料　　　　　　　　　　　　　　　　594 000
　　应交税费——应交增值税(进项)　　　　　　　　　　227 460
　贷:银行存款　　　　　　　　　　　　　　　　　　　1 565 460

(2) 12月4日,采购人员报销差旅费2.6万元。原借支20 000元,补给其6 000元,开出现金支票。

借:管理费用　　　　　　　　　　　　　　　　　　　　26 000
　贷:银行存款　　　　　　　　　　　　　　　　　　　　6 000
　　　其他应收款　　　　　　　　　　　　　　　　　　20 000

(3) 12月5日,代扣个人负担的保险34 100元,住房公积金21 700元,代扣个人所得税90元,实际发放上月工资254 110元。

借:应付职工薪酬——工资　　　　　　　　　　　　　　254 200
　贷:应交税费——应交个人所得税　　　　　　　　　　　　90
　　　银行存款——工行　　　　　　　　　　　　　　　254 110

(4) 12月6日,本月购买的材料验收入库。
　　借:原材料——A材料　　　　　　　　　　　　　　　　456 000
　　　　原材料——B材料　　　　　　　　　　　　　　　　288 000
　　　　原材料——C材料　　　　　　　　　　　　　　　　594 000
　　　　贷:在途物资——A材料　　　　　　　　　　　　　　　　456 000
　　　　　　　　　　——B材料　　　　　　　　　　　　　　　　288 000
　　　　　　　　　　——C材料　　　　　　　　　　　　　　　　594 000

(5) 12月7日,企业上缴上月企业负担保险99 200元;住房公积金21 700元;个人负担保险34 100元;住房公积金21 700元,合计176 700元。
　　借:应付职工薪酬——保险　　　　　　　　　　　　　　　99 200
　　　　　　　　　　——住房公积金　　　　　　　　　　　　　21 700
　　　　　　　　　　——工资　　　　　　　　　　　　　　　　55 800
　　　　贷:银行存款　　　　　　　　　　　　　　　　　　　　　176 700

工资保险公积计算表

工资:5个经理(管理部门3个;销售部门1个;生产部门1个)每人每月5 000元,一般人员3 000元,工资合计31万元。单位负担五险一金39%(32%+7%);个人负担三险一金18%(11%+7%)。缴费基数和工资相等。社保:5 000×32%=1 600;5 000×11%=550;3 000×32%=960;3 000×11%=330。住房:5 000×7%=350;3 000×7%=210。个税=5 000-900-3 500=600;600×3%=18;18×5=90。

项目	管理	销售	车管人员	甲	乙	100人
人数	主管3 一般7	主管1 一般6	主管1 一般2	一般48	一般32	合计
工资	36 000	23 000	11 000	144 000	96 000	310 000
单保	11 520	7 360	3 520	46 080	30 720	99 200
单住	2 520	1 610	770	10 080	6 720	21 700
工会	720	460	220	2 880	1 920	6 200
职教	900	575	275	3 600	2 400	7 750
个保	3 960	2 530	1 210	15 840	10 560	34 100
个住	2 520	1 610	770	10 080	6 720	21 700
个税	54	18	18	0	0	90

(6) 12月8日,申报代缴上月职工的个人所得税90元。
　　借:应交税费——应交个人所得税　　　　　　　　　　　　　90
　　　　贷:银行存款　　　　　　　　　　　　　　　　　　　　　　90

(7) 12月9日,购买办公用品价税合计1 710元,支付汽油费2 000元,取得增值税普通发票,现金支票结算。
　　借:管理费用　　　　　　　　　　　　　　　　　　　　　　3 710
　　　　贷:银行存款　　　　　　　　　　　　　　　　　　　　　3 710

(8) 12月10日,本期材料领用汇总情况如下:A材料600件(用于生产甲产品);B材料400件(用于生产乙产品);C材料1 000件(600件用于生产甲产品;400件用于生产乙产品)。采用先进先出法计算发出材料成本。
　　借:生产成本——甲(直接材料)　　　　　　　　　　　　757 500
　　　　　　　——乙(直接材料)　　　　　　　　　　　　　484 800
　　　　贷:原材料——A(生产甲)　　　　　　　　　　　　　　460 500(600件)
　　　　　　　　——B(生产乙)　　　　　　　　　　　　　　286 800(400件)
　　　　　　　　——C(生产甲乙)　　　　　　　　　　　　　495 000(1000件)

(9) 12月11日,管理人员报销通信费1 600元,交通费1 400元,车辆修理费3 500元,业务招待费18 908

元,现金支票结算。
  借:管理费用   25 408
    贷:银行存款   25 408

(10) 12月12日,土地原值120万,40年,每月摊销2 500元。
  借:管理费用   2 500
    贷:累计摊销   2 500

(11) 12月12日,经批准,车间一台机器设备出售,原值20万元,累计折旧5.76万元,含税价款12.051万元当日送存银行,结转固定资产清理的净损失3.94万元。
  借:固定资产清理   142 400
    累计折旧   57 600
    贷:固定资产   200 000
  借:银行存款   120 510
    贷:固定资产清理   103 000
      应交税费——应交增值税(销项)   17 510
  借:营业外支出   39 400
    贷:固定资产清理   39 400

(12) 12月13日,购销合同印花税税率0.3‰,计税金额600万元,交纳本月经济合同的印花税1 800元(三自纳税);计提排污费3 200元;公司建筑物原值400万元,地价120万元,税法减除的比例30%,计算本月应交的房产税3 640元;占用土地面积1 200平方米,年每平方米2元,计算本月应交的土地使用税200元;管理部门2辆微型车年税额600元,计算本年应交的车船税600元。
  借:税金及附加   9 440
    贷:银行存款   1 800
      应交税费——应交房产税   3 640
        ——应交土地税   200
        ——应交车船税   600
        ——应交排污费   3 200

(13) 12月13日,缴纳本月房产税3 640元、本月土地使用税200元、本年车船税600元,缴纳排污费3 200元,合计7 640元。
  借:应交税费——应交房产税   3 640
      ——应交土地税   200
      ——应交车船税   600
      ——应交排污费   3 200
    贷:银行存款   7 640

(14) 12月13日,申报并缴纳上月增值税15万元、城建税10 500元、教育费附加4 500元、地方教育附加3 000元、堤防维护费3 000元、企业所得税10万元。
  借:应交税费——未交增值税   150 000
      ——应交城建税   10 500
      ——应交教育费附加   4 500
      ——应交地方教育附加   3 000
      ——应交堤防维护费   3 000
      ——应交企业所得税   100 000
    贷:银行存款   271 000

(15) 12月16日,采用直线法计提固定资产折旧36 800元。
  借:制造费用   22 800
    管理费用   10 400

　　　　销售费用　　　　　　　　　　　　　　　　　　　　　　　3 600
　　　　贷：累计折旧　　　　　　　　　　　　　　　　　　　　　　36 800

固定资产折旧计算表

公司房屋400万,设备200万。净残值率4%。建筑物20年,月折旧率0.4%;机器设备10年,月折旧率0.8%;运输设备和其他设备5年,月折旧率1.6%。房屋(管理部门100万元;生产部门250万元;销售部门50万元),房产税每年4.368万元,每月3 640元。生产部门机器设备140万。管理部门运输设备(2辆微型车)30万元。其他设备(管理部门10万元;生产部门10万元;销售部门10万元)。

使用部门 净残值4%	房屋原值	机器设备	运输设备	其他设备	月折旧额	会计科目
月折旧率	0.4%	0.8%	1.6%	1.6%		
生产部门	250	140		10	2.28	制造费用
管理部门	100		30	10	1.04	管理费用
销售部门	50			10	0.36	销售费用
原值合计	400	140	30	30		
折旧合计	1.6	1.12	0.48	0.48	3.68	

(16) 12月17日,购买设备一台,价税合计234 000元,取得增值税专用发票,交付管理部门使用。
　　借：固定资产　　　　　　　　　　　　　　　　　　　　　　200 000
　　　　应交税费——应交增值税(进项)　　　　　　　　　　　　 34 000
　　　　贷：银行存款　　　　　　　　　　　　　　　　　　　　　234 000
(17) 12月18日,网银支付广告费3 000元,取得普通发票。如果取得专用发票可以抵扣。
　　借：销售费用　　　　　　　　　　　　　　　　　　　　　　　3 000
　　　　贷：银行存款　　　　　　　　　　　　　　　　　　　　　　3 000
(18) 12月19日,向红十字捐款2万元。
　　借：营业外支出　　　　　　　　　　　　　　　　　　　　　　20 000
　　　　贷：银行存款　　　　　　　　　　　　　　　　　　　　　 20 000
(19) 12月20日,工商银行存款利息收入1 500元。
　　借：银行存款　　　　　　　　　　　　　　　　　　　　　　　1 500
　　　　贷：财务费用　　　　　　　　　　　　　　　　　　　　　　1 500
(20) 12月20日,工商银行收取各种手续费2 400元。
　　借：财务费用　　　　　　　　　　　　　　　　　　　　　　　2 400
　　　　贷：银行存款　　　　　　　　　　　　　　　　　　　　　　2 400
(21) 12月23日,在应付利息日,计算的利息费用3万元。归还短期借款本金200万元,利息3万元,该借款系2017年6月20日取得,年利率6%,期限半年,按季付息到期还本。
　　借：财务费用　　　　　　　　　　　　　　　　　　　　　　　30 000
　　　　贷：应付利息　　　　　　　　　　　　　　　　　　　　　 30 000
　　借：短期借款　　　　　　　　　　　　　　　　　　　　　　2 000 000
　　　　应付利息　　　　　　　　　　　　　　　　　　　　　　　30 000
　　　　贷：银行存款　　　　　　　　　　　　　　　　　　　　2 030 000
(22) 12月24日,按实际进餐人数和实际天数,每人每餐10元的标准,支付本月职工中餐补贴2万元,按实际发生数列支职工福利费。
　　借：应付职工薪酬——职工福利　　　　　　　　　　　　　　　20 000
　　　　贷：银行存款　　　　　　　　　　　　　　　　　　　　　 20 000
　　借：管理费用　　　　　　　　　　　　　　　　　　　　　　　20 000

贷：应付职工薪酬——职工福利费　　　　　　　　　　　　　　　20 000
　（23）12月25日，支付本月电费价税合计1 404 000元，按使用量分配：车间102 000元，管理部门12 000元，销售部门6 000元。
　　　借：制造费用　　　　　　　　　　　　　　　　　　　　　　　102 000
　　　　　管理费用　　　　　　　　　　　　　　　　　　　　　　　 12 000
　　　　　销售费用　　　　　　　　　　　　　　　　　　　　　　　　6 000
　　　　　应交税费——应交增值税（进项）　　　　　　　　　　　　　20 400
　　　贷：银行存款　　　　　　　　　　　　　　　　　　　　　　　 140 400
　（24）12月26日，支付本月水费，本月用水4 000吨，每吨不含税价2.5元，价税合计10 300元。取得税务局代开专用发票。按照使用量分配：车间6 000元，管理部门3 200元，销售部门800元。
　　　借：制造费用　　　　　　　　　　　　　　　　　　　　　　　 6 000
　　　　　管理费用　　　　　　　　　　　　　　　　　　　　　　　 3 200
　　　　　销售费用　　　　　　　　　　　　　　　　　　　　　　　　 800
　　　　　应交税费——应交增值税（进项）　　　　　　　　　　　　　 300
　　　贷：银行存款　　　　　　　　　　　　　　　　　　　　　　　 10 300
　（25）12月27日，销售给大发公司甲产品500件，单价2 500元，货款已经收到，开出增值税专用发票。销售乙产品500件，单价2 400元，开出增值税专用发票，采用商业汇票结算。
　　　借：银行存款　　　　　　　　　　　　　　　　　　　　　　 1 462 500
　　　贷：主营业务收入　　　　　　　　　　　　　　　　　　　　 1 250 000
　　　　　应交税费——应交增值税（销项）　　　　　　　　　　　　 212 500
　　　借：应收票据　　　　　　　　　　　　　　　　　　　　　　 1 404 000
　　　贷：主营业务收入——乙产品　　　　　　　　　　　　　　　 1 200 000
　　　　　应交税费——应交增值税（销项）　　　　　　　　　　　　 204 000
　（26）12月27日，应收西北公司的一笔货款80万元到期，由于西北公司发生财务困难，与西北公司进行协商，减免3万元债务，其余部分立即以现金偿还。（坏账损失采用直接转销法）
　　　借：银行存款　　　　　　　　　　　　　　　　　　　　　　　770 000
　　　　　营业外支出　　　　　　　　　　　　　　　　　　　　　　 30 000
　　　贷：应收账款　　　　　　　　　　　　　　　　　　　　　　　800 000
　（27）12月30日，分配本月工资费用31万元，按工资的2%计提工会经费6 200元，按工资的2.5%计提职工教育经费7 750元。
　　　借：生产成本——甲（直接人工）　　　　　　　　　　　　　　150 480
　　　　　　　　　——乙（直接人工）　　　　　　　　　　　　　　100 320
　　　　　制造费用　　　　　　　　　　　　　　　　　　　　　　 11 495
　　　　　管理费用　　　　　　　　　　　　　　　　　　　　　　 37 620
　　　　　销售费用　　　　　　　　　　　　　　　　　　　　　　 24 035
　　　贷：应付职工薪酬——工资　　　　　　　　　　　　　　　　 310 000
　　　　　　　　　　——工会经费　　　　　　　　　　　　　　　　6 200
　　　　　　　　　　——职工教育经费　　　　　　　　　　　　　　7 750
　（28）12月30日，缴费基数31万元，按32%提取社会保险合计99 200元，按7%提取住房公积金21 700元。
　　　借：生产成本——甲（直接人工）　　　　　　　　　　　　　　 56 160
　　　　　　　　　——乙（直接人工）　　　　　　　　　　　　　　 37 440
　　　　　制造费用　　　　　　　　　　　　　　　　　　　　　　 4 290
　　　　　管理费用　　　　　　　　　　　　　　　　　　　　　　 14 040
　　　　　销售费用　　　　　　　　　　　　　　　　　　　　　　 8 970

　　　　　贷：应付职工薪酬——保险　　　　　　　　　　　　　　　　　　　99 200
　　　　　　　　　　　　——住房公积金　　　　　　　　　　　　　　　　21 700
（29）12月31日，缴纳本月工会经费6 200元，报销本月职工培训费7 750元。
　　　借：应付职工薪酬——工会经费　　　　　　　　　　　　　　　　　　6 200
　　　　　　　　　　　　——职工教育经费　　　　　　　　　　　　　　　7 750
　　　　　贷：银行存款　　　　　　　　　　　　　　　　　　　　　　　　13 950
（30）12月18日，销售人员报销差旅费6 668元，现金支票结算。
　　　借：销售费用　　　　　　　　　　　　　　　　　　　　　　　　　　6 668
　　　　　贷：银行存款　　　　　　　　　　　　　　　　　　　　　　　　6 668
（31）12月31日，汇总一车间制造费用并按工资比例分配。
　　　借：生产成本——甲（制造费用）　　　　　　　　　　　　　　　　　87 951
　　　　　　　　　——乙（制造费用）　　　　　　　　　　　　　　　　　58 634
　　　　　贷：制造费用　　　　　　　　　　　　　　　　　　　　　　　　146 585
（32）12月31日，甲产品本月完工入库500件，计算甲产品成本。乙产品本月完工入库500件，计算乙产品成本。采用约当产量法，材料一次性投入，在产品完工率50%。
　　　借：库存商品——甲产品　　　　　　　　（1 725×500＝862 500）
　　　　　贷：生产成本——甲　　　　　　　　　　　　　　　　　　　　　862 500
　　　借：库存商品——丁产品　　　　　　　　（1 656×500＝828 000）
　　　　　贷：生产成本——丁　　　　　　　　　　　　　　　　　　　　　828 000

成本计算单——甲

甲期初在产品100件；本月投产600件；完工500件；期末在产品200件				
成本项目	直接材料	直接人工	制造费用	合计
月初在产品成本	77 600	17 160	7 449	102 209
本月生产费用	757 500	206 640	87 951	1 052 091
生产费用合计	835 100	223 800	95 400	1 154 300
完工产品总成本	596 500	186 500	79 500	862 500
完工产品单位成本	1 193	373	159	1 725
月末在产品成本	238 600	37 300	15 900	291 800

成本计算单——乙

乙期初在产品200件；本月投产400件；完工500件；期末在产品100件				
成本项目	直接材料	直接人工	制造费用	合计
月初在产品成本	241 200	34 390	14 516	290 106
本月生产费用	484 800	137 760	58 634	681 194
生产费用合计	726 000	172 150	73 150	971 300
完工产品总成本	605 000	156 500	66 500	828 000
完工产品单位成本	1 210	313	133	1 656
月末在产品成本	121 000	15 650	6 650	143 300

（33）12月31日，月初甲产品50件，单位成本1 728元，月初乙产品100件，单位成本1 660元，本月销售甲产品500件，销售乙产品500件。采用先进先出法计算结转本期销售产品的成本。
　　　借：主营业务成本　　　　　　　　　　　　　　　　　　　　　　　　1 691 050
　　　　　贷：库存商品——甲产品　　　　　　　　　　　　　　　　　　　862 650

——乙产品	828 400

(34) 12月31日,本月进项税额已经认证,月末转出未交增值税。应缴增值税＝434 010－282 160＝151 850元。

借:应交税费——应交增值税	151 850
贷:应交税费——未交增值税	151 850

(35) 12月31日,计算本月应缴的城建税10 629.5元、教育费附加4 555.5元、地方教育附加3 037元、堤防维护费3 037元。

借:税金及附加	21 259
贷:应交税费——应交城建税	10 629.5
——应交教育费附加	4 555.5
——应交地方教育附加	3 037
——应交堤防维护费	3 037

(36) 2015年末出资150万元组建汉街有限责任公司,拥有公司40%股份,准备长期持有,汉街公司2016年盈利30万元,2017年盈利40万元,2017年分配现金股利25万元,公司2017年12月31日,实际分得现金股利10万元。(长期股权投资采用成本法核算)

借:银行存款	100 000
贷:投资收益	100 000

(37) 12月31日,结转各项收入和费用。

借:主营业务收入	2 450 000
投资收益	100 000
贷:本年利润	2 550 000
借:本年利润	2 050 000
贷:主营业务成本	1 691 050
税金及附加	30 699
财务费用	30 900
管理费用	154 878
销售费用	53 073
营业外支出	89 400

(38) 2017年1—11实现利润总额550万元,累计实际利润550万元,累计预缴企业所得税137.5万元,所得税费用137.5万元,净利润412.5万元。本月利润总额50万元,实际利润40万元,本月应预缴所得税(40×25%)10万元。全年实现销售收入2 800万元,全年招待费实际开支20万元,全年超支8万元,投资收益纳税调减10万元,无其他纳税调整事项。实际工作中汇算清缴在第二年。全年应交所得税＝(600－10＋8)×25%＝149.5万元,149.5－137.5－10＝2万元,汇算补缴2万元。12月31日,计算并结转所得税费用12万元。(所得税采用应付税款法)

借:所得税费用	120 000
贷:应交税费——企业所得税	120 000
借:本年利润	120 000
贷:所得税费用	120 000

(39) 本月实现利润总额50万元,应预缴所得税10万元,汇算清缴应补缴所得税2万元,所得税费用12万元,净利润38万元。全年实现利润总额600万元,全年所得税费用149.5万元,全年净利润450.5万元。计提盈余公积90.1万元。决定分配利润100万元,尚未支付。

借:利润分配——提取盈余公积	901 000
贷:盈余公积	901 000
借:利润分配——应付利润	1 000 000
贷:应付利润	1 000 000

(40) 年终结转本年利润 450.5 万元,包括 1—11 月的净利润 412.5 万元。年终结转利润分配的其他明细科目。

借:本年利润　　　　　　　　　　　　　　　　　　4 505 000
　　贷:利润分配——未分配利润　　　　　　　　　　　　　4 505 000
借:利润分配——未分配利润　　　　　　　　　　　　1 901 000
　　贷:利润分配——提取盈余公积　　　　　　　　　　　　901 000
　　　　　　——应付利润　　　　　　　　　　　　　　　1 000 000

三、试算平衡表

总账科目	期初余额 借方	期初余额 贷方	本期发生额 借方	本期发生额 贷方	期末余额 借方	期末余额 贷方
银行存款	4 391 718		2 454 510	4 792 636	2 053 592	
应收票据	1 886 000		1 404 000		3 290 000	
应收账款	4 000 000			800 000	3 200 000	
其他应收款	50 000			20 000	30 000	
在途物资	0		1 338 000	1 338 000	0	
原材料	151 300		1 338 000	1 242 300	247 000	
生产成本	392 315		1 733 285	1 690 500	435 100	
制造费用			146 585	146 585	0	
库存商品	252 400		1 690 500	1 691 050	251 850	
长期股权投资	1 500 000		0	0	1 500 000	
固定资产	6 000 000		200 000	200 000	6 000 000	
累计折旧		1 288 000	57 600	36 800		1 267 200
固定资产清理	0		142 400	142 400	0	
无形资产	1 200 000				1 200 000	
累计摊销		87 500		2 500		90 000
短期借款		2 000 000	2 000 000			0
应付票据		45 890				45 890
应付账款		80 443				80 443
应付职工薪酬		430 900	464 850	464 850		430 900
应交税费		271 000	712 740	734 849		293 109
应付利息		0	30 000	30 000		0
应付利润		0		1 000 000		1 000 000
主营业务收入			2 450 000	2 450 000		
投资收益			100 000	100 000		
主营业务成本			1 691 050	1 691 050		
税金及附加			30 699	30 699		
销售费用			53 073	53 073		
管理费用			154 878	154 878		
财务费用			32 400	32 400		
营业外支出			89 400	89 400		

(续表)

总账科目	期初余额 借方	期初余额 贷方	本期发生额 借方	本期发生额 贷方	期末余额 借方	期末余额 贷方
所得税费用			120 000	120 000		
本年利润		4 125 000	6 675 000	2 550 000		
利润分配		4 396 000	3 802 000	6 406 000		7 000 000
实收资本		6 000 000				6 000 000
盈余公积		1 099 000		901 000		2 000 000
合计	19 823 733	19 823 733	28 910 970	28 910 970	18 207 542	18 207 542

期初:资产 18 448 233;负债 2 828 233;权益 15 620 000;期末:资产 16 850 342;负债 1 850 342;权益 15 000 000

四、编制财务报表

(一) 资产负债表

会小企 01 表

资产	期初	期末	负债和权益	期初	期末
流动资产:			流动负债:		
货币资金	4 391 718	2 053 592	短期借款	2 000 000	0
短期投资			应付票据	45 890	45 890
应收票据	1 886 000	3 290 000	应付账款	80 443	80 443
应收账款	4 000 000	3 200 000	预收账款		
预付账款			应付职工薪酬	430 900	430 900
应收股利			应交税费	271 000	293 109
应收利息			应付利息		
其他应收款	50 000	30 000	应付利润		1 000 000
存货	796 015	933 950	其他应付款		
其中:原材料	151 300	247 000	其他流动负债		
在产品	392 315	435 100	流动负债合计	2 828 233	1 850 342
库存商品	252 400	251 850	非流动负债:		
周转材料			长期借款		
其他流动资产			长期应付款		
流动资产合计	11 123 733	9 507 542	递延收益		
非流动资产:			其他非流负债		
长期债券投资			非流负债合计	0	0
长期股权投资	1 500 000	1 500 000	负债合计	2 828 233	1 850 342
固定资产原价	6 000 000	6 000 000			
减:累计折旧	1 288 000	1 267 200			
固定资产 账面价值	4 712 000	4 732 800			

(续表)

资产	期初	期末	负债和权益	期初	期末
在建工程					
工程物资					
固定资产清理					
生产性生物资产			所有者权益:		
无形资产	1 112 500	1 110 000	实收资本	6 000 000	6 000 000
开发支出			资本公积		
长期待摊费用			盈余公积	1 099 000	2 000 000
其他非流动资产			未分配利润	8 521 000	7 000 000
非流动资产合计	7 324 500	7 342 800	所有者权益合计	15 620 000	15 000 000
资产总计	18 448 233	16 850 342	负债和所有者权益总计	18 448 233	16 850 342

（二）利润表

会小企 02 表

项　目	本年累计金额	本月金额
一、营业收入		2 450 000
减:营业成本		1 691 050
税金及附加		30 699
其中:消费税		0
城市维护建设税		10 629.5
资源税		0
土地增值税		0
城镇土地使用税、房产税、车船税、印花税		9 440
教育费附加、地方教育费附加、矿产资源补偿费、排污费		10 629.5
销售费用		53 073
其中:商品维修费		0
广告费和业务宣传费		3 000
管理费用		154 878
其中:开办费		0
业务招待费		18 908
研究费用		0
财务费用		30 900
其中:利息费用(收入以"—"号填列)		8 500
加:投资收益(损失以"—"号填列)		100 000
二、营业利润(亏损以"—"号填列)		589 400
加:营业外收入		0
其中:政府补助		0

(续表)

项　目	本年累计金额	本月金额
减：营业外支出		89 400
其中：坏账损失		30 000
无法收回的长期债券投资损失		0
无法收回的长期股权投资损失		0
自然灾害等不可抗力因素造成的损失		0
税收滞纳金		0
三、利润总额（亏损总额以"－"号填列）		500 000
减：所得税费用		120 000
四、净利润（净亏损以"－"号填列）		380 000

（三）现金流量表

会小企03表

项　目	本年累计金额	本月金额
一、经营活动产生的现金流量：		
销售产成品、商品、提供劳务收到的现金		2 232 500
收到其他与经营活动有关的现金		
购买原材料、商品、接受劳务支付的现金		1 716 160
支付的职工薪酬		464 850
支付的税费		280 440
支付其他与经营活动有关的现金		65 686
经营活动产生的现金流量净额		－294 636
二、投资活动产生的现金流量：		
收回短期投资、长期债券投资和长期股权投资收到的现金		
取得投资收益收到的现金		100 000
处置固定资产、无形资产和其他非流动资产收回的现金净额		120 510
短期投资、长期债券投资和长期股权投资支付的现金		
购建固定资产、无形资产和其他非流动资产支付的现金		234 000
投资活动产生的现金流量净额		－13 490
三、筹资活动产生的现金流量：		
取得借款收到的现金		
吸收投资者投资收到的现金		
偿还借款本金支付的现金		2 000 000
偿还借款利息支付的现金		30 000
分配利润支付的现金		
筹资活动产生的现金流量净额		－2 030 000
四、现金净增加额		－2 338 126
加：期初现金余额		4 391 718
五、期末现金余额		2 053 592

主要参考文献

1. 财政部.会计基础工作规范[S].财会字[1996]19号.
2. 胡顺义,陈国英.财务会计综合模拟实训[M].大连:大连理工大学出版社,2017.
3. 财政部.企业会计准则[M].北京:经济科学出版社,2017.
4. 中国资产评估协会.财务会计[M].北京:经济科学出版社,2017.
5. 全国税务师执业资格考试教材编写组.财务与会计[M].北京:中国税务出版社,2017.
6. 中国注册会计师协会.会计[M].北京:中国财经出版社,2017.
7. 中国注册会计师协会.税法[M].北京:中国财经出版社,2017.
8. 财政部会计资格评价中心.中级会计实务[M].北京:企业管理出版社,2017.